本专著是2019年度贵州省教育科学规划重大委托项目《贵州省中小学贫困生扶志扶智教育政策保障研究》(编号:2019WT003)、贵州省教育科学规划重点课题《乡村振兴背景下贵州贫困地区乡村教育治理研究》(编号:2019A041)、贵州省高等学校人文社会科学研究重点项目《贵州教育精准扶贫经验与模式研究》(编号:2020ZD004)、六盘水师范学院高层次人才科研启动基金项目《精准扶贫背景下六盘水市教育扶贫路径创新研究》(编号:LPSSYKYJJ201818)阶段性成果。

中小学贫困生扶志扶智教育政策保障研究

王世斌 著

重庆出版社

图书在版编目（CIP）数据

中小学贫困生扶志扶智教育政策保障研究 / 王世斌著. -- 重庆 : 重庆出版社, 2024. 12. -- ISBN 978-7-229-19416-1

Ⅰ. G639.20

中国国家版本馆CIP数据核字第2025905MG7号

中小学贫困生扶志扶智教育政策保障研究

ZHONGXIAOXUE PINKUNSHENG FUZHI FUZHI JIAOYU ZHENGCE BAOZHANG YANJIU

王世斌　著

责任编辑：袁婷婷

责任校对：刘小燕

装帧设计：寒　露

重庆出版社　出版

重庆市南岸区南滨路 162 号 1 幢　邮编：400061　http://www.cqph.com

定州启航印刷有限公司印刷

重庆出版社有限责任公司发行

全国新华书店经销

开本：710mm×1000mm　1/16　印张：13.5　字数：200 千

2025 年 4 月第 1 版　2025 年 4 月第 1 次印刷

ISBN 978-7-229-19416-1

定价：78.00元

前 言

2017年以来，我国实施的在校生活困难贫困生的资助政策取得了良好效果，让党和国家的教育惠民政策真正落实到了千家万户。然而，随着乡村振兴战略的的进一步深化，新时代我国面临着教育扶贫可持续发展的问题，精准地关注中小学贫困生扶志扶智已成新时期学校教育的新任务和新目标。本研究基于对现阶段贵州省易地扶贫搬迁安置点学校的考察，系统研究我国现有扶志扶智教育政策实施的现状，科学评估已有政策对学校教育活动的有效价值，总结归纳教育实践中对贫困生进行扶志扶智教育的具体问题和不足，力争利用扶志扶智发挥教育尤其是基础教育阻断贫困代际传递的功能，助推我国在乡村振兴战略背景下通过教育实践中对困难学生的帮扶实现可持续发展。

学校教育通过扶志扶智立足长远拔穷根，成为解决困难群体境遇的的有效教育路径，在精准脱贫实施中具有基础性、先导性和持续性作用。“扶志扶智”是乡村振兴时期突破困难群体帮扶瓶颈的重要抓手，也是学校教育帮扶困境学生的重要内容，“扶志”激发自主发展的思想动力，“扶智”催生自主发展的行为活力。对贫困生扶志扶智的本质在于扶志气，树信心，引导困境学生树立远大理想和健康三观；扶学业，助成才，促进困境学生全面健康发展。对困境学生扶志扶智的实践经历了助困、尚德、强能的三个逻辑层次；中小学困难学生资助工作应深入挖掘教育帮扶的育人内涵，通过扶志扶智逐步根除造成困境学生的思想和认知根源。

改革开放以来我国教育资助和帮扶政策深受环境变迁与国家主导、观念认知与国家能力、行动者与关键节点等因素影响，以公平为价值追求，经历了以解决温饱为主，着重教育普及阶段（1979—1995年）；以补偿困难群体为主，追求教育质量阶段（1996—2010年）；以根除贫困为主，探求精准帮扶阶段（2011年至今）三个历史发展阶段。习近平总书记结合已有的社会及教育工作实践和经验，针对新时期出现的问题，科学提出了“扶贫同扶志、扶智结合”的重要论述，强调加大困难群众内生动力的培育力度，提高困难群众自我发展的能力，为全国治贫工作注入了新的活力。

结合政策分析视角和政策变迁理论的相关理论观点，通过对扶志扶智政策进行内容分析之后，本研究提出了中小学困境学生扶志扶智教育政策的对象特征、观念宣传、执行效果、机制规范、制度环境五个分析维度，并依此研制了调查问卷和访谈提纲，结合教育帮扶实际情况，选择贵州省黔西南州、毕节市、六盘水市三个地区易地搬迁安置学校作为样本，深入中小学教育一线，对政策实施情况进行了充分调研。

通过实地调研发现，我国扶志扶智教育政策实施存在政策文本的专门性不强、配套政策措施不完善；困境学生面临多种困难类型，成长困难庞杂、困境学生的帮扶需求呈现多样化、差异化、社会重视不够，观念不足；政策监督力度不够、政策执行重学业成绩，看重政策指标完成的数量和速度，弱化志与智的扶持效果；重资源分配，轻育人效果、教师培训不足，造成教师政策执行能力不够等问题和不足。针对这些实际困难和不足，本研究从政策观念和宣传、政策组织和执行、政策环境和制度、政策规范和保障四个方面提出了政策改进建议。

关键词：扶志；扶智；教育政策

目 录

绪　论

一、研究缘起

党的十九大报告强调，“坚持大扶贫格局，注重扶贫同扶志、扶智相结合”，习近平总书记也多次强调“扶贫先扶志，扶贫必扶智”。我国现阶段的扶贫工作不仅要物质扶贫，更要志与智的扶贫，“输血”更要善于“造血”。能否在脱贫攻坚中抓好扶志扶智是事关脱贫事业可持续发展、全面建成小康社会的大事。

2017 年以来，我国实施了精准扶贫的贫困生资助政策，并取得了良好效果，让党和国家的教育惠民政策真正落实到了千家万户。然而，随着全面建成小康社会进程的加快，脱贫攻坚任务进一步加大，后扶贫时代面临着扶志、扶智可持续发展的问题，资源投入要将“输血式”扶贫向“造血式”扶贫转变，精准地关注中小学贫困生扶志扶智已成新时期面临的脱贫攻坚新任务和新目标。

易地扶贫搬迁政策是新时期“挪穷窝”的精准扶贫创举，对治理贫困顽疾具有根本性阻断的作用。“十三五”时期贵州省在易地扶贫搬迁工作中取得显著成效，成为全国易地扶贫搬迁工作的“贵州样板”。2020 年易地扶贫搬迁工作已步入“住得好”的后续扶持阶段，以贫困学生为主体的易地扶贫搬迁安置点学校的建设和搬迁安置后贫困中小学生群体出现的新的教育问题的有效应对成为政府管理部门需要面对的问题，也成了具有迫切现实需要的研究热点问题。

易地扶贫搬迁安置学校的贫困生比例较高，深入系统地研究易地扶贫搬迁安置学校贫困生的现实需要和教育资源供给的契合度，结合党和国家的物质资助，致力于精神脱贫，达到扶贫可持续发展，对易地扶贫搬迁安置学校的建立、发展和质量提升、安置贫困户家庭的根本脱贫具有重要意义。本研究基于对现阶段贵州省易地扶贫搬迁安置点学校贫困生的考察，系统研究贵州省现有扶志扶智教育政策实施的现状，科学评估已有政策对教育扶贫的有效价值，对扶贫实践中的具体问题和不足加以改进，将有助于贵州省教育扶贫政策的进一步完善，更好地促进贵州省教育扶贫可持续发展，将有助于关注中小学贫困生的生存状况和压力，用扶志扶智发挥教育尤其是基础教育阻断贫困代际传递的功能，助推我国步入后扶贫时代后通过教育扶贫实现教育的可持续发展。

二、研究意义和价值

基于体量庞大的贫困生群体和我国复杂的国情，我国贫困中小学生扶志扶智政策的实施现状、特征、典型经验及存在问题是什么？如何从扶志扶智的本质和规律出发在教育实践中探寻有效帮扶中小学贫困生的路径和机制，通过扶志扶智的新形式、新路径、新方法提高教育扶贫工作的针对性、实效性和创新性？这些问题的研究和解答无疑对推动我国教育扶贫工作提质增效、深入持续开展具有十分重要的实践意义和理论意义。

（一）实践意义和价值

从实践层面来看，本研究对总结推广我国扶志扶智工作经验，促进教育扶贫模式创新，提升本地区公共教育质量，探索易地扶贫搬迁学校的科学发展之路，实现地区经济社会可持续发展有积极意义。具体表现在以下几个方面。

第一，形成的政策建议促进我国教育扶贫工作提质增效。本研究通过科学严谨的调查研究，力争为教育行政部门提供直接政策建议和制定配套政策的参考，帮助解决教育扶贫工作中出现的如贫困生扶志扶智、易地搬迁安置学校建设等新问题，实现精准教育扶贫与可持续发展的目标。

第二，本研究有利于我国贫困生扶志扶智经验的总结和推广。贵州省是我国西部贫困地区，其贫困问题具有复杂性。在脱贫攻坚战进行得如火如荼的时候，深入分析和宣传推广教育扶志扶智的先进经验和典型做法也是我国脱贫攻坚工作的重要组成部分，本研究将调查总结和推广贵州省扶志扶智的典型工作经验。

第三，通过对我国现有扶志扶智政策的梳理和总结，深入基层调研，了解政策执行效果，为教育管理部门提供政策执行反馈信息。基于贫困生的实际发展需要和困境，提出针对贫困生具体致贫原因的有效改进策略，从贫困生、家庭环境、学校制度、资助模式和效果等各方面重新认识现阶段中小学贫困生在帮扶实践中的社会属性，提高精准式教育帮扶的质量和水平。

第四，本研究对增强高校服务社会功能以及探索教育理论研究的社会应用价值具有一定的积极作用。

（二）理论意义和价值

从理论层面上来看，现阶段立足贫困地区尤其是后扶贫时代易地扶贫搬迁后对贫困生的扶志扶智研究具有较新颖的研究视角，对丰富我国教育扶贫理论、拓宽研究视野和观点具有重要意义。

第一，从教育学的理论出发探讨教育所应有的社会功能，对于丰富教育的基础理论和社会属性的认识具有积极意义。有利于拓宽教育扶贫研究视野，从实践中验证教育的社会功能及教育研究理论的适切性，可以丰富教育扶贫研究的观点，拓宽研究视野，使教育扶贫研究树立正确的教育研究观。

第二，对于丰富贵州省教育扶贫研究理论成果、提升本地区教育研究质量和水平、推广教育研究成果具有积极的促进作用。

三、研究综述

从20世纪60年代开始，国内外关于扶贫问题的理论研究大致集中在“资源要素理论”“贫困文化理论”“人力素质贫困理论”等具体方面，综合各种因素进而提出“系统贫困理论”观点。综观各种理论观点，从文化、经济、社会政策、人力资本等多种角度分析了贫困的成因，呈现出多学科、多角度的研究特点，并从教育、文化、经济结构调整等方面提出相应的扶贫举措。

（一）国内研究

国内对于教育扶贫的研究大多是在扶贫开发理论假设下，从教育的扶贫功能这一角度去阐述的，具体的研究内容和成果主要有以下几个方面。

1. 扶志扶智的政策演进

《关于实施教育扶贫工程意见的通知》《关于创新机制扎实推进农村扶贫开发工作的意见》《关于打赢脱贫攻坚战的决定》等一系列文件的颁布、实施标志着我国已经开始实施“教育扶贫工程”，确立了“治贫先治愚、扶贫先扶教”的教育扶贫定位和思想，明确要求必须实施好精准扶贫战略，强调把精准扶贫、精准脱贫作为基本方略，并提出要着力加强教育脱贫，实施教育扶贫工程。中央扶贫开发工作会议进一步将教育扶贫作为“五个一批”精准扶贫、精准脱贫工程的重要路径之一，时任教育部部长袁贵仁在2016年的两会上也提出“阻断贫困的代际传递教育大有可为”的观点。

针对贫困生资助工作，习近平总书记指出，要保障贫困地区办学经费，健全家庭困难学生资助体系。习近平总书记的精准扶贫战略思想是新时期我国扶贫开发工作的重大理论创新，极大地丰富和发展了马克思主义反贫困理论和中国特色扶贫开发理论，为扎实推进贫困地区教育脱贫攻坚工作指明了方向。

2018年3月1日，时任教育部部长陈宝生在《人民日报》发表署名文章《进一步加强学生资助工作》指出，要把学生资助工作摆在更加重要的位置，强调学生资助必须坚持育人导向，将育人作为资助工作的出发点和落脚点，构建物质帮助、道德浸润、能力拓展、精神激励有效融合的长效机制，形成“解困—育人—成才—回馈”的良性循环。可见，政策导向开始集中于关注学校教育通过育人体系建设发挥教育扶贫在脱贫攻坚中的扶志扶智功能。

2. 教育扶贫功能和内容的研究

近些年学者们从不同的视角强调精神扶贫的重要性、具体内容以及可行路径。教育部副部长王嘉毅等认为要发挥教育在精准扶贫、精准脱贫中基础性、先导性和持续性作用。[①] 万远英等在调研中指出，打赢脱贫攻坚战必须发挥好精神扶贫的作用，并从扶“志”“智”“稚”“职”“质”

① 王嘉毅，封清云，张金．教育与精准扶贫精准脱贫[J]. 教育研究，2016，37（7）：12-21.

等方面提出了如何激发贫困群众内生动力。[①]高圆圆、范绍丰指出，精神贫困是农村贫困人口处于长期贫困的内在根源，缓解和消除精神贫困是促进其远离贫困状态的有效路径，当前我国覆盖西部民族地区的扶贫政策主要以物质性脱贫为主，精神脱贫政策较少。[②]郭清祥、马进提出，要发挥扶志扶智在脱贫攻坚中的重要作用，应该围绕建立健全自治、法治、德治相结合的贫困地区精准脱贫攻坚治理体系开展。[③]杭承政、胡鞍钢从行为科学的视角认为，“精神贫困”现象的实质是个体失灵，将“精神贫困”限定为贫困人口志向缺乏、信念消极和行为决策非理性的行为表现，对于“精神贫困”的干预就是要采取行为政策使“缺志”转为“有志”，使非理性变为理性。[④]张志胜、崔执树基于精神扶贫视角探讨精准扶贫领域贫困农民主体性的缺失与重塑，提出精神扶贫是一项系统工程，需“扶心扶志”与“扶知扶智”并举，且“正向发力”，激发贫困农民的自觉性和自主性以使其自主、自信，提高贫困农民能动性与创造性以使其自立、自强。[⑤]也有学者借鉴外国精神扶贫的理论框架，展开理论研究，尤亮等尝试构建了渴望、投资与贫困的理论分析框架，认为要破除贫困人口内生的投资不足，对于高渴望群体，需要解除导致其投资不足的外在约束；针对低渴望群体，则应形成渴望激发机制，以

① 万远英，崔帅帅．精神扶贫：减贫反贫的根本——基于成都市扶贫开发工作的调研思考[J]．安徽农业科学，2017，45（32）：252-255.

② 高圆圆，范绍丰．西部民族地区农村贫困人口精神贫困探析[J]．中南民族大学学报（人文社会科学版），2017，37（6）：131-136.

③ 郭清祥，马进．加大扶志扶智力度 深入推进精神扶贫[N]．甘肃日报，2018-06-01（10）.

④ 杭承政，胡鞍钢．“精神贫困”现象的实质是个体失灵：来自行为科学的视角[J]．国家行政学院学报，2017（4）：97-103，147.

⑤ 张志胜，崔执树．习近平精神扶贫思想的基本内涵与时代意蕴[J]．内蒙古大学学报（哲学社会科学版），2018，50（4）：14-20.

解除导致其投资不足的内在约束。①

3. 扶志扶智手段和途径的研究

从学者们提出的扶贫手段和途径来看，教育精准扶贫可以做到“扶能力之贫”与“扶思想之贫”兼而有之，教育培养人的目的取向与“扶人之贫”的价值意蕴高度契合，教育扶贫将教育与扶贫联系在一起并具有“扶智”与“扶志”的内涵。向雪琪等认为，我国的教育扶贫政策将扶贫与扶智、扶志相结合，提高了贫困地区的教育质量与教育水平，提升了贫困人口自我发展能力。②曾天山等认为，对于贫困地区实现教育脱贫问题，需要准确把握阻碍教育脱贫的对象、阻碍的程度以及出现阻碍的原因，着重解决控辍保学问题、读书有用论问题、贫困与普通农村教育差距拉大问题，设计出贫困地区教育脱贫推进的科学机制，采取切实可行的实施策略。③刘航、柳海民等指出，教育精准扶贫经历了从教育普及到精细化资源配置的过程，由关注贫困人口的受教育权利到实现代际发展的目标转变。④单耀军认为，在深入分析贫困所产生的成因基础上，通过对教育精准扶贫进行科学内涵的挖掘，将教育扶贫对象进行分层，针对性地制定科学的教育扶贫方案、采取适合的教育扶贫手段、提供准确的教育扶贫内容，才能真正做到教育扶贫的精准。⑤张国献认

① 尤亮，刘军弟，霍学喜．渴望、投资与贫困：一个理论分析框架[J]. 中国农村观察，2018（5）：29-44.

② 向雪琪，林曾．改革开放以来我国教育扶贫的发展趋向[J]. 中南民族大学学报（人文社会科学版），2018，38（3）：74-78.

③ 曾天山，吴景松，崔吉芳．滇西智力扶贫开发精准有效策略研究[J]. 西北师大学报（社会科学版），2018，55（3）：5-17.

④ 刘航，柳海民．教育精准扶贫：时代循迹、对象确认与主要对策[J]. 中国教育学刊，2018（4）：29-35.

⑤ 单耀军．教育精准扶贫的科学内涵及实践路径[J]. 经济研究参考，2018（10）：14-17.

为，农村教育精准扶贫困境成因在于，贫困文化与“贤能主义”使然，费用落差与结构异化的摩擦，主体导向与客体意愿的错位，信息阻塞与农户“羞涩”的叠加。[①]宋宸刚、丛雅静通过论述教育扶贫和金融扶贫是精准扶贫的最优模式选择和关键实现路径，指出二者解决了“扶贫同扶志、扶智相结合”“脱真贫、真脱贫”的“最后一公里”问题，对满足精准扶贫的可持续发展需求具有重要意义。[②]余应鸿指出，通过转变教育扶贫理念，建立精准的教育扶贫对象识别机制，提升扶贫对象自我发展能力，精准实施扶贫项目，构建多元主体共同参与扶贫的治理体系等，可充分发挥教育精准扶贫的作用，帮助农村贫困人口实现脱贫与发展。[③]李俊杰、李晓鹏基于中南民族大学在武陵山片区的扶贫实践，探索高校参与精准扶贫的理论与实践。[④]

4. 扶志扶智教育政策及实施的研究

部分学者从政策执行和制度建设的角度来研究全国和区域教育政策变迁。孟繁华等认为改革开放以来，我国教育政策发生了较为明显的范式变迁，即由“效率理性”范式转向“市场选择”范式。[⑤]李晓红认为只有正确划分并选择合适的政策工具才能帮助政策制定者和执行者解决

① 张国献．农村教育精准扶贫的共享困境与化解路径[J]. 理论学刊，2018（4）：138-144.

② 宋宸刚，丛雅静．我国精准扶贫的最优模式与关键路径分析[J]. 调研世界，2018(3)：58-61.

③ 余应鸿．乡村振兴背景下教育精准扶贫面临的问题及其治理[J]. 探索，2018（3）：170-177.

④ 李俊杰，李晓鹏．高校参与精准扶贫的理论与实践：基于中南民族大学在武陵山片区的扶贫案例[J]. 中南民族大学学报（人文社会科学版），2018，38（1）：79-84.

⑤ 孟繁华，张爽，王天晓．我国教育政策的范式转换[J]. 教育研究，2019，40（3）：136-144.

所面临的公共问题，从而达成政策预期目标。[①] 季飞、吴水叶认为扶志扶智采用什么样的政策工具，对实现政策目标具有重要作用，选择合理的政策工具将有利于政策目标的有效实现，使政策目标由理想和规划变为现实，良好的政策工具可以帮助扶志扶智教育政策实现良好的执行效果，政策工具的选用正确与否将直接影响政策实现的效果。[②] 原甘肃省政府参事室郭清祥和马进通过调研发现，一些政府部门的精准扶贫、精准脱贫工作思路还没有牢固树立以人为本的理念，对扶贫工作如何适应人的精神世界的丰富和发展，怎样兼顾物质、精神和心理多方面的需求缺乏完整的布局和规划。[③] 针对贵州的实际情况，李晓红立足贵州脱贫攻坚实际，优先从改善城乡教育资源的均衡性、尽快解决留守儿童教育问题、形成“扶贫不扶懒”共识这三个方面进行了扶志扶智探索。[④] 吴晓蓉、范小梅认为教育回报对贫困者生存与生活的意义就在于，通过知识、技能、视野、习惯、观念等形式，有序满足贫困者各维度上的生物性需要和社会性需要，最终促使其脱贫。要明确教育反贫困的特殊性，重视教育回报，并建立“投入评价”和“脱贫评价”相结合的评价模式。[⑤]

---

① 李晓红．扶志扶智培育发展能力 [N]. 贵州日报，2018-09-25（12）.

② 季飞，吴水叶．大扶贫背景下西部地区职业教育发展的政策工具选择：基于贵州省 21 份文件的文本量化分析 [J]. 贵州社会科学，2019，349（1）：92-100.

③ 郭清祥，马进．加大扶志扶智力度 深入推进精神扶贫 [N]. 甘肃日报，2018-06-01（10）.

④ 李晓红．扶志扶智培育发展能力 [N]. 贵州日报，2018-09-25（12）.

⑤ 吴晓蓉，范小梅．教育回报的反贫困作用模型及其实现机制 [J]. 教育研究，2018，39（9）：80-88.

（二）国外研究

1. 理论观点

国外学者根据不同国家、不同民族的具体致贫原因，从经济学、社会学、教育学等学科角度提出的扶贫理论，包括利本斯坦（Harvey Leibenstein）的“临界最小努力”理论、纳克斯（Ragnar Nurkse）的“贫困恶性循环”理论、缪尔达尔（Gunnar Myrdal）的“循环累积因果关系”理论、纳尔逊（R. R. Nelson）的“低水平均衡陷阱”理论、罗森斯坦－罗丹（Paul N. Rosenstein–Rodan）的“大推动理论”等，观点纷呈。这些理论观点在社会实践中不断被应用，且得到了较好的印证和反馈，因而逐渐被学界和政府所接受。

学界普遍认为人类共同面临的贫困现象，其形成原因具有复杂性和多维度的特点。一般而言，国外学者按照贫困所指内容或范围以及其成因将贫困划分为物质贫困、能力贫困、权利机会贫困和精神贫困等不同种类，不同领域学者从各自的研究视角出发分析贫困问题。教育学家关注如何通过教育手段提高贫困者的生存和发展能力，集中于能力贫困研究，如经济学家阿马蒂亚·森（Amartya Sen）认为，对基本可行能力的剥夺，是贫困产生的主要原因；经济学家西奥多·舒尔茨（Theodore W.Schultz）从人力资本理论出发提出：“影响人的贫困或富裕的决定性因素是人，是人的自身素质。”

从教育学的观点来看，皮埃尔·布尔迪厄（Pierre Bourdieu）以“符号资本”和“场域”等核心概念对教育、文化和社会再生产进行了解读，他认为教育从来就不是一个平等的场域，来自不同阶层的人以其拥有不同数量的社会资本和文化资本，在教育场域形成统治和被统治的关系，使不平等的社会关系通过教育而实现再生产。保罗·弗莱雷（Paulo

Freire）则对处境不利的人投注了悲天悯人的关注，他在《被压迫者的教育学》中揭示了压迫者通过“灌输式”教育把压迫与被压迫的关系具体化，从而维系其统治。这些理论观点促进了学界对贫困问题以及教育扶贫的反思和教育实践活动的改进，国内对这些观点也进行了大量引用。

2. 研究方法

从国外研究教育扶贫的研究方法来看，众多研究者近年来对质性研究方法颇为青睐。众多研究者中具有代表性的有质性研究方法专家迈克尔·奎因·巴顿（Michael Quinn Patton）和马修·B. 迈尔斯（Matthew B.Miles），他们对质性研究方法的应用和倡导在学界影响颇为深远。区别于单纯的质性研究方法，约翰·W. 克雷斯威尔（John W.Creswell）侧重于量化研究、质性研究以及混合研究，并对这些研究方法进行了系统介绍和分析。相比之下，安塞尔姆·L. 施特劳斯（Anselm L.Strauss）的研究更为深入，他对扎根理论研究的程序和技巧进行了应用和推广。

综合各类研究方法所涉及的研究问题，由于不同地区、不同国家的扶贫教育问题样态多元，难以进行宏大叙事，诸多研究者更倾向于用质性研究的方法对教育扶贫中具体、鲜活的案例展开分析。

（三）研究趋势和不足

从国内外的扶贫研究可以发现，扶志扶智的研究与人类反贫困的历史同生同在，具有悠久的历史。这与扶志扶智的本质特征和内涵是息息相关的，扶志扶智相比物质资助效果更深远、更彻底，但其技术和方法更复杂，且具有长期性的特点。我国自党的十九大明确提出“扶贫与扶志、扶智相结合”之后，以扶志扶智为主题的研究成果逐渐增多，不断体系化。然而对贫困地区的具体致贫原因，尤其是多民族聚居地区扶志扶智的研究尚不系统、不深入。

现有的研究资料多集中在政府文件和新闻报道上，如何从理论和政策深入的角度对脱贫攻坚中扶志扶智这个核心进行较全面深入的分析和梳理，有待学界进一步关注。如何从扶志扶智的帮扶对象的实际需要出发，针对其实际的需要和发展特点，系统地测评政府政策的实施效果和帮扶效果，将会是今后研究的落脚点和侧重点。目前关于扶志扶智的研究取得了一些成果，为教育扶贫实践起到了具体指导和深化助推的作用，为我国贫困生资助政策制定、实施过程和成效评估等方面提出了富有建设性的意见，也为扶志扶智研究进一步深化打下了良好的基础。但仍然存在以下问题和不足。

1. 对策研究过于宏观，缺乏对具体区域和行动者的微观考察

当前关于扶志扶智的研究较多侧重于从扶贫主体或扶贫主体作用于扶贫客体的角度进行研究，主要关注政府教育扶贫政策的制定、实施过程、效果评估等方面，而很少从贫困人口群体本身的特点尤其是中小学贫困学生的实际发展需要去探讨，譬如结合区域的民族文化、社会资源、教育差异等特点来制定具体对策，研究对扶贫对象微观层面缺乏深度研究。

2. 缺乏教育学理论和视角的专业分析

贫困产生的原因是多元的，扶贫也是通过多维途径综合实施的，因此从某一具体学科的角度去分析贫困问题就显得有些片面。从当前学术研究的学科体系来看，一定程度上存在教育学理论与视角分析不够的问题，诸多研究者将贫困的社会现象与教育贫困治理方法、实效限定于特定的学科视角，遵循某一学科的理论分析与研究论证范式，因而忽视了教育问题的本体研究，教育学角度的研究相对不足。此外，研究成果在研究内容和方法运用上还存在一定的局限性，对教育扶贫过程及政策实

施机制的深度观察不够，尚不能全景式反映教育功能发挥与社会贫困的影响和互动过程，因而研究结果显得生硬且表面化。

3. 研究成果区域分布不均衡

从研究成果的区域分布来看，东北、西南、西北等地区都有学者结合本地区教育扶贫实际做了有针对性的研究，但西南贫困地区尤其是少数民族地区的扶志扶智研究成果相对较少，尤其是基于现实问题的解决路径的创新研究则少之又少；从研究成果的学校层次分布来看，针对高校贫困生的扶志扶智研究成果较多，提出了如以工代赈、公益性岗位设置、资助信息保密等具体方法，相比之下，中小学贫困生的扶志扶智研究成果较少，主要集中在控辍保学、精准资助保障等方面，理论研究尚不深入。

4. 从所用研究方法来看，质性研究成果不多

现有研究采用的很多研究数据和资料来自政府的公告或统计，相比较这些侧重实证的定量研究成果来看，深入教育扶贫一线实地进行的质性研究不够，成果也不够丰硕。

四、研究内容与目标

本课题研究是以党的十九大精神为指导，深学笃用习近平新时代中国特色社会主义思想和扶贫开发重大战略思想，充分发挥教育的社会功能，着重体现扶贫与扶志扶智相结合，坚持精准扶贫、精准脱贫基本方略，通过贵州省易地扶贫搬迁安置中小学校及贫困生的调研，从“宏观

政策系统”“中观制度”“微观行动者”三个层面系统考察贵州省扶志扶智教育政策实施情况。结合贫困学生的实际需要和发展困境，强调抓重点、补短板、强弱项，引导贫困学生和贫困家庭摒弃“等、靠、要”思想，使贫困生和贫困家庭树立昂扬向上的志气，激发和保护其良性的自我发展内生驱动力，用教育扶贫的“造血”功能巩固前期的“输血”成果，促进扶贫事业的可持续发展，通过扶志扶智彻底拔除穷根、消除贫困。

（一）总体框架

首先，本研究从扶志扶智的基本内涵和现实图景出发，厘清教育扶贫领域内扶志扶智的相关范畴和理论，通过对现有政策文本的搜集整理与内容分析，找出政策关注的主题和分析的主要范畴，同时进一步明确政策目标。通过前期的文献综述和政策研究，以立德树人、资助育人的目标为导向，构建出针对易地扶贫搬迁安置学校贫困生扶志扶智的分析框架。

其次，以中小学贫困生的扶志扶智政策与实践为对象，审慎地选择了黔西南布依族苗族自治州、毕节市、六盘水市三个地区的易地扶贫搬迁安置学校为样本。设计调查问卷和访谈提纲等调查工具对贵州省扶志扶智政策实施情况进行调研，着重尝试从参与扶志扶智政策实施的不同层次行动者的微观视角出发，考察其具体的行动选择和策略，深入了解并仔细甄别贫困生的发展特点和帮扶需要。分别从静态和动态视角深度描述政策执行者和被执行对象在教育实践中的观念和做法，通过详细的科学调研总结贵州扶志扶智经验，反思贵州扶志扶智存在的不足和问题。

最后，基于对中小学贫困生发展需要和现实困境的调查了解，对具有异质性和复杂性的贵州中小学贫困生扶志扶智模式和途径进行创新，力求调动扶贫对象发展的主动性与参与的积极性。在尊重不同行动者的主体地位并全力发挥各自优势的前提下，构建起科学合理的扶志扶智工作机制，使有限的扶贫资源得到更有效的利用，激发贫困学生及其家庭的脱贫内驱力，努力构建提升受资助贫困生和家庭的教育获得感、文化素养、知识技能和人力资本水平的具体策略和途径。提出的政策建议和研究报告为贵州省教育厅提供了具体的决策参考，进而帮助我国教育扶贫提质增效，同时助推贵州实现高质、高效的脱贫。

（二）预期目标

后扶贫时代教育扶贫不仅要研究“扶贫”，更要研究“扶真贫”，积极回应当前教育扶贫面临的新问题、新变化，推动贵州省教育扶贫工作不断开创新局面、取得新成效。本研究聚焦于我国中小学贫困生的扶志扶智政策及其实施情况，通过对相关文献和政策文本的研究，在定性分析的基础之上，系统分析现行教育扶志扶智政策，努力探索改进和创新中小学教育扶志扶智新路径。

研究的具体目标：

第一，搜集相关领域研究文献。基于文献法，从界定核心概念出发，结合相关理论基础，从理论上构建教育扶志扶智的理论分析框架，制定贵州省中小学贫困生扶志扶智政策执行调查指标体系。

第二，根据理论分析框架确定出扶志扶智的具体调查维度，依据科学研究程序设计研究工具；编制调查问卷和访谈提纲，并在实地调研前进行信效度检验，为后续客观描述贵州省扶志扶智政策实施现状提供可靠基础。

第三，基于问卷法、访谈法、观察法收集研究数据，验证理论模型和假设，科学测评贵州省扶志扶智政策的执行情况及效果。

第四，形成优化和改进我国扶志扶智政策的策略和建议，为贵州省贫困生资助工作的创新性发展提供借鉴和依据。从存在问题及其原因分析入手，采用质性数据编码、主题提炼、量化数据统计等方法，辨识影响贵州省扶志扶智成效的因素，进而提出改进和加强贵州省扶志扶智政策实施的策略和政策建议。

（三）研究内容

本课题从现有政策文本和制度规范入手，采用内容分析法，辨识我国扶志扶智工作的具体目标和政策成效的影响因素，结合国内其他地区的经验，总结贵州省在中小学贫困生扶志扶智方面的典型经验和做法。同时结合实际调研，充分了解中小学贫困生尤其是实施易地扶贫搬迁后贫困学生及其家庭的实际发展需要，有针对性地提出改进和加强贵州省扶志扶智工作的对策建议，力求为教育主管部门掌握中小学贫困生现状提供信息参考，为政府部门加强教育资助工作提供政策依据。

结合理论研究基础部分设计和维度设计，在遵循项目整体设计和技术路线的基础上，调查和统计贵州省中小学贫困生扶志扶智具体做法和经验，范围延及义务教育和普通高中教育，分别从问题界定、目标选定、政策制定、政策执行、政策评估等维度设计访谈提纲、调查问卷等研究工具，搜集典型案例，运用观察法、问卷调查法、访谈法从贫困生的现实生活、学习困境及需要等方面搜集并整理研究数据，形成有效的改进对策和政策建议。

本课题研究具体内容有以下四个部分。

第一，基于精准扶贫要求的扶志扶智政策理论分析框架的构建。基于文献资源，通过资料收集和整理，系统梳理关于扶志扶智问题的教育学、教育社会学等基本理论，界定本课题研究的核心概念，厘清相关基本概念范围，从理论方面构建起对贫困生扶志扶智的基本理论分析框架，为后续研究论证提供合理的理论分析框架。

第二，对中小学贫困生扶志扶智教育实践现状进行调查与统计，对扶志扶智教育政策的具体执行效果进行测评。把握中小学贫困学生的特点和发展需要是正确设计和规划扶志扶智的基本依据。采用调查问卷法、访谈法、观察法等研究方法，对中小学贫困生的思想态度、价值取向及其家庭背景包括致贫原因、帮扶需要等方面进行客观数据的搜集和整理，对易地扶贫搬迁安置学校贫困生、扶志扶智实施者——教师、资助工作管理者等行动主体进行分层、分类统计，描述扶志扶智政策的实施状况，在比较不同地区、民族、文化等特征性差异的基础上，归纳总结贵州省扶志扶智政策实施实践的共性特征、发展趋势、典型经验以及存在的突出问题。

第三，中小学贫困生扶志扶智组织和实施过程及其策略的考察。针对省、市（州）、县等政府政策执行主体的具体行动策略和特征，设计教师、校长、资助工作管理人员等的访谈提纲，深度考察扶志扶智过程中问题的界定、目标的选定、政策制定与执行的组织和实施策略，总结中小学贫困生扶志扶智的运行规律和特点，科学分析其策略生成的过程，比较分析其中存在的利弊以及突出问题；筛选和识别我国扶志扶智工作成效的影响因素，为优化扶志扶智组织和实施过程及其策略提供合理依据。

第四，提出我国中小学贫困生扶志扶智政策实施的改进策略和创新路径。针对中小学贫困生扶志扶智实践现状及其实践中存在的问题，结合新时期精准扶贫要求，借鉴国内外扶志扶智的有益经验，从创新路径探索并提出适合我国扶志扶智工作的策略建议，在优化扶贫资源配置的基础之上，致力于激发贫困生的发展内生驱动力，形成众多扶贫行动者的帮扶合力，提升帮扶效果和质量，努力形成提升我国中小学扶志扶智工作质量和水平的具体政策改进建议。

这四个方面的研究内容是循序渐进、环环相扣的，共同构成了本课题整体的研究内容，符合教育问题的科学研究程序。

五、研究思路与设计

（一）研究思路

本课题研究的总体思路：根据选题设定和研究要求进行整体构思—研读研究文献和政策文本，形成扶志扶智问题理论分析框架—归纳改革开放以来，尤其是党的十九大以来我国教育扶贫的成功经验和现阶段贵州省扶志扶智政策实施的现实社会背景及实践需要—以易地扶贫搬迁安置中小学作为研究范围，选择具有代表性的地区为样本进行调研—实地搜集整理调研数据—分析归纳制约中小学贫困生扶志扶智政策目标实现的因素及成因—从中小学贫困生的现实需要出发，提出改进和优化贵州省中小学贫困生扶志扶智政策实施的可行对策与政策建议。

（二）研究方法

为客观揭示研究问题的真实运行规律，本课题根据研究需要和特征，主要采取定性研究方法，辅以量化研究方法搜集研究数据，力求全面描述现状、发现问题。

1. 文献法

通过政策信息公开网站、图书馆、论文数据库等途径搜集扶志扶智的相关政策文本和研究文献，将现有研究的前沿观点予以述评与综合，总结文献与学者的重要观点，归纳研究者们的不同认识与看法，归纳梳理教育扶贫与扶志扶智研究领域现状，为本课题后续论证和实践调研提供理论基础。

文献检索的范围主要包括：一是国家和地方教育行政部门颁布的扶志扶智教育政策，其中包括纲领性的政策，也包括规制性的政策，如各级地方政府制定的政策，还有分配性的政策，如国家助学贷款政策等教育法律、法规、政策、条例、规定；二是有关制度，关于不同学科对制度的分类及与制度相关的专著与文章；三是有关教育扶贫与公共政策方面的著作与论文，特别是和教育扶贫政策过程相关的国内外专著与论文；四是关于研究方法的相关文献，包括对政策分析的方法论、教育制度分析方法和教育科学研究方法等。文献法除了奠定本研究的理论基础和形成分析框架之外，还有一个重要目的是编制问卷，构建问卷编制的基本维度。

2. 内容分析法

对现有的与扶志扶智相关的政策文本、制度规范、会议摘要、领导讲话等内容做客观而又系统的量化，通过资料查阅、鉴别评价、归类整理、评述性的说明掌握扶志扶智的核心范畴和关键节点，结合内容分析的结果，构成后期分析问题的主要范畴和基本维度。

3. 访谈法

为了弥补量化研究一些深层次观点和问题难以在问卷中体现出来的缺陷，本研究对不同地区、不同学校的教育行政管理人员和校长、教师等进行了访谈。按照目的抽样结合理论抽样的方法，对贵州省不同政策组织和实施者、帮扶对象进行半结构化访谈，采用扎根理论的定性研究方法对后续资料进行整理分析，利用 NVIVO 11 软件经过开放式编码、聚类分析等程序对实地访谈资料进行整理分析，梳理出扶志扶智政策与实践相关的自由节点、树状节点、核心范畴等。

4. 问卷调查法

根据研究理论基础和分析维度，编制针对参与扶志扶智的贫困生、家长、教师的调查问卷，并结合研究对象的区域分布进行抽样调查。样本量为贫困生 12000 人、家长 2000 人、教师 600 人，经过深入易地扶贫搬迁安置学校实地发放问卷后，采用 SPSS 数据统计软件对问卷数据进行整理录入与相关分析。

设计的问卷包括四个部分：一是导入语与填写说明；二是人口学状况的调查，包括区域、角色、学历、性别等，这些都可以构成自变量，与后面的选项进行差异性检验；三是 Likert-type 五点式问卷，主要了解学生困境与政策目标的关系，进行扶志扶智教育政策中的政策对象特征、政策执行和实施的影响因素分析、制度环境测评与政策执行的过程描述等；四是扶志扶智教育政策实施情况调查的单项选择题，主要目的在于了解被测试对象对扶志扶智教育政策的理解和执行情况及态度，主要分析方法为频数分析法。

5. 观察法

深入教育扶贫工作现场，通过现场观察、考察、记录等方式收集研究对象的资料，获取全方位的信息。

总之，本课题在研究方法的选用方面，考虑到教育政策与实践的复杂性，既有侧重于理论的逻辑分析，又有依赖数据的实证分析，同时有案例、访谈支持的性质研究资料的分析，力争全面客观地揭示扶志扶智教育政策的研究问题。

（三）技术路线

本研究基于精准教育扶贫实施的背景，整合政策分析、反贫困等理论，在构建中小学扶志扶智实施模型及测量工具的基础上，深入分析了我国中小学贫困生扶志扶智政策的设计、组织、过程、结果的作用机制，并全面分析路径生成维度、筛选影响因素、评价路径成效、描述运行现状，探讨符合国情、切实可行的教育扶志扶智新路径。整个研究过程根据教育问题的科学研究设计，先后由理论框架的构建、数据分析论证和对策建议呈现这三个基本阶段构成。课题研究的技术路线如图 0-1 所示。

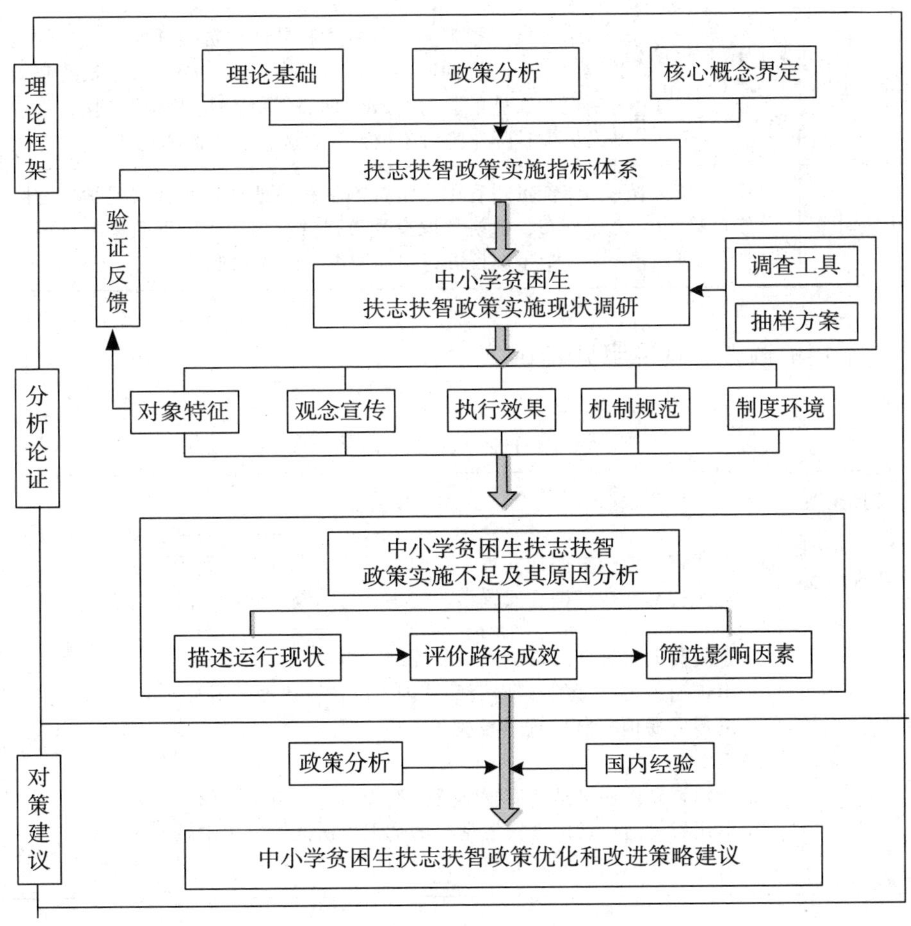

图 0-1 课题研究技术路线图

（四）数据采集方案

本课题研究将贵州省易地扶贫搬迁安置中小学作为主要调查范围，抽样对象为参与贵州省中小学贫困生扶志扶智政策制定和实施的帮扶主体和政策帮扶对象，抽样方式为随机抽样。具体抽样方案见表 0–1。

表 0–1　抽样方案

抽样对象	地区	抽样要求
帮扶主体	黔西南布依族苗族自治州 毕节市六盘水市	结合贵州省中小学贫困生和易地扶贫搬迁安置学校的区域分布，随机抽取参与贵州省中小学贫困生扶志扶智政策制定和实施的教育行政管理部门负责人、学校校长、管理人员、教师作为对象进行问卷调查、访谈和观察
帮扶对象	黔西南布依族苗族自治州 毕节市六盘水市	结合贵州省中小学贫困生和易地扶贫搬迁安置学校的区域分布，随机抽取享受贵州省贫困学生资助政策的贫困学生、学生家长进行问卷调查、访谈和观察

采用的调查工具说明见表 0–2。

表 0–2　调查工具

工具类型	工具名称
调查问卷	贵州省易地扶贫搬迁安置学校中小学贫困生调查问卷（附录一） 贵州省易地扶贫搬迁安置学校中小学教师调查问卷（附录二）
访谈	省级资助管理部门负责人访谈提纲（附录三） 市（州）、县（区）政府资助管理人员访谈提纲（附录四） 贵州省易地扶贫搬迁学校校长、中心校校长、管理干部访谈提纲（附录五） 贵州省易地扶贫搬迁安置学校的教师访谈提纲（附录六） 贵州省易地扶贫搬迁安置学校的贫困生访谈提纲（附录七） 贵州省易地扶贫搬迁安置学校贫困生家长访谈提纲（附录八）

六、拟突破的重点难点及主要创新点和特色

（一）研究重点

第一，以易地扶贫搬迁安置学校贫困生为代表的中小学贫困生的发展需求、身心特点、教育现状的调研。

第二，易地扶贫搬迁安置学校扶志扶智的政策执行、制度安排、政策环境的调研与政策执行效果和价值的测评。

第三，针对参与政策执行的多元行动者的动态描绘及其角色定位、协同机制构建与监测。

第四，优化和改进中小学贫困生扶志扶智教育工作的策略和政策建议。

（二）研究难点

第一，在规定时间内完成2～3个市（州）易地扶贫搬迁安置学校的实地调研，做到数据准确、翔实。

第二，针对我国扶志扶智教育政策的实施现状和贫困生的实际需要及特点，建立以教育精准扶贫政策为基础，力图实现立德树人的长效机制，助力中小学学校教育资助育人功能的充分发挥。

（三）创新和特色

本课题研究可能的创新之处：

第一，本课题结合我国国情深入研究对贫困生扶志扶智的政策保障，

提出的政策建议将提升贫困生资助工作的实效性和针对性，有助于实现资助育人的目的，助推贫困地区教育扶贫提质增效。

第二，课题研究成果突出区域应用特点，总结贵州省教育扶贫和资助育人的典型经验和做法，结合当前易地扶贫搬迁学校在建设和发展中面临的现实困难和紧迫问题，提出切实可行的改进对策和建议。

第三，从微观视角考察政策执行效果，视角较新颖。深入基层中小学扶志扶智政策实施实践，扎根基础教育扶志扶智一线，通过微观的“蚂蚁之眼”视角关注贫困生的真实生活和学业困境，从扶贫理论出发深层次考量具体的扶志扶智创新路径和问题解决策略。

第一章　扶志扶智教育政策的理论体系建构

对贫困生进行扶志扶智是脱贫攻坚步入新时期的重要举措，也是教育扶贫发挥根本阻断贫困代际传递功能的重要内容和进一步深化。本章将从课题研究问题——扶志扶智教育政策的内涵出发，深度挖掘扶志扶智教育政策的相关理论内涵，从理论上明确政策的实施主体、范围、执行机制、制度环境等。

一、相关概念界定

（一）教育政策

关于教育政策的内涵理解，当前学术界观点各异，归纳而言，有三类主要观点：其一是将教育政策看作是静态的文本，认为政策是“国家所制定和颁发的方针、法律、纲要、决定、通知、规划、规定、意见、办法、条例、规程、细则、纪要等各种文件的总称”[①]；其二，与第一类观点相对，有部分学者将教育政策视为动态的过程，而非一个静态文本，此类观点认为教育政策是“一种有目的、有组织的动态发展过程，是政党、政府等政治实体在一定历史时期，为实现一定的教育目标和任务而协调教育内外关系所规定的行动依据和准则”[②]；与前两类观点不同，有部分学者综合前述两类观点，认为“教育政策是政策文本和过程的结合，是一个包含了文本、文本的形成和修正、实施的过程与结果等各种

① 张新平.教育政策概念的规范化探讨[J].湖北大学学报（哲学社会科学版），1999（1）：92-96.

② 孙绵涛.教育政策学[M].武汉：武汉工业大学出版社，1997：8.

因素相互作用的循环”[①]。

教育政策不同于政策文本。具体而言，无论关于教育政策执行主体所持的是何种观点，教育政策都是通过政策文本来具体体现和执行的。在政策执行过程中，政府所制定的政策文本是政策得以实现和顺利开展的重要条件，也是各级政策执行主体明确职责和任务的载体。事关教育活动的教育政策文本同政治、经济、文化等其他社会活动的政策文本从功能和本质上来看是一致的，本质上是社会活动的产物。具体的政策文本能够准确记录社会活动的历史发展进程，其本身可长久保存，也可供后人查阅考证。诚然，政策文本所产生的效力应当置于特定的历史时期去考究。政策文本因社会活动发展和条件而变化，在被政府部门制定、修改或废止的时候，反映出国家、地方的行政部门对社会需求及政策环境变化所做出的反馈与调整。

教育政策不同于教育政策体系。教育政策体系所指范围更为广泛，不同政策制定主体制定的政策文本结合纷繁复杂的政策实践，呈现出较系统的教育政策体系。教育政策体系随着教育改革的进程有历史变迁的特点，众多学者从政策历史变迁的角度系统地考察教育政策体系的特点和演变规律，如有学者认为国家教育政策体系从内容体系上主要包括以下四类：一是教育质量政策；二是教育经费政策；三是教育人员政策（主要指教师政策）；四是教育体制政策[②]。也有学者考察了我国教育政策的变迁，认为改革开放以来我国教育政策发生了较为明显的范式变迁，即由“效率理性”范式转向“市场选择”范式[③]。

---

① 刘复兴．教育政策的四重视角[J]. 清华大学教育研究，2002（4）：13-19.

② 孙绵涛，等．教育政策论：具有中国特色的社会主义教育政策研究[M]. 武汉：华中师范大学出版社，2002：13-14..

③ 孟繁华，张爽，王天晓．我国教育政策的范式转换[J]. 教育研究，2019，40（3）：136-144.

本课题研究中所指的“教育政策”特指上述观点中的第三类，认为“教育政策”是政策文本和实施过程的双向结合，兼有静态和动态的特点。据此概念界定，来研究综合静态文本和动态政策实施过程描述与论证其本质与规律。其中，静态文本是指党和国家为完成一定历史时期的教育任务，实现教育培养目标，贯彻落实教育的基本方针所制定和发布的方针、法律、纲要、决定、规划、规定、意见、办法、条例、规程、细则、纪要等各种文件的总称，其以国家行政机构发布的正式文本的形式存在。政策的实施过程包括制定、执行、评估、监控和终结五个阶段，这五个阶段构成政策系统运行的一个完整周期，是一个从公共问题产生到政府最终解决的过程[①]。

本研究从国家和各级政府所制定的关于中小学贫困生扶志扶智教育的政策文本的整理与分析入手，力图掌握当前扶志扶智教育的宏观政策背景，紧紧围绕当前贵州省扶志扶智教育政策在具体的社会环境和中小学教育实践实施过程中存在的问题与不足，提出解决对策和改进建议。

（二）中小学贫困生

中小学贫困生作为扶志扶智教育保障政策的重要执行目标群体，是本课题的主要样本选择对象，对其在扶志扶智过程中变化的描述事关扶志扶智教育政策的具体效果。要研究对中小学贫困生扶志扶智的教育政策问题，首先需要科学界定中小学贫困生的范围，明确其身份界定标准，从而精准地确定扶志扶智教育政策实施的目标群体及其范围。

中小学贫困生泛指接受中小学教育的学生中家庭经济条件相对贫困的一部分群体。具体而言，贫困生的身份界定标准具有较强的社会现实性。在现实中，人们通常把家庭人均收入较少，经济条件比较困难，未

① 陈振明．公共政策分析[M]．北京：中国人民大学出版社，2009：60.

能缴纳部分学杂费，家庭基本生活费接近于当地居民最低生活保障线的学生称为“贫困生”；而其中经济更为困难，家庭没有任何经济收入来源，基本上靠借债上学，无力缴纳学杂费，基本生活费低于当地居民最低生活保障线的学生被视为“特困生”。综合而言，鉴于地域、社会实际情况的复杂性，通过何种标准准确界定贫困生身份，当前国内尚无统一的界限或标准，各个省（市区），乃至各局部地区之间也难以做到统一。因此，基于贫困生标准的模糊性，部分以贫困生为目标群体的政策措施在实际工作中操作性不强。

为了使贫困生的扶志扶智的教育政策在中小学教育实践中能够明确政策目标群体，进而使扶志扶智工作具有针对性和实效性，就需要准确把握学生家庭经济困难的程度，制定出符合实际的相对客观的量化标准来确定中小学贫困生的“身份”，在政策执行和操作阶段成为规定贫困生享受扶助的条件。

依据国际上对相对贫困现象界定的惯用模式，采用制定具体贫困线的方法来衡量贫困的具体程度。贫困线大致分为绝对贫困线和相对贫困线，学界对贫困线有不同的认定方法。概括来说，绝对贫困的确定方法主要有标准预算法、恩格尔系数法和马丁法，相对贫困的确定方法有比率法和国际贫困标准法。[①] 贫困生的认定问题不是单靠一个具体的标准就能解决的，必须从多方面入手，建立一套完善的认定体系。[②] 本书将政府资助的中小学贫困生视为研究对象，这部分学生是经政府、学校、村（社区）认定为家庭经济困难的学生。

认定贫困生是一项十分复杂的工作。目前，国内各地、各学校认定贫困生的方式虽然不尽相同，但其基本途径大致如下：学生本人或家长

① 刘密斯．基于多维贫困视角的我国城镇贫困线标准的研究[D].沈阳：东北大学，2014：6.

② 郑熹燊．贫困生认定标准亟待规范[N].中国产经新闻，2017-09-06（3）.

如实反映家庭经济情况，并提出申请—乡镇、村（居委会）出具家庭经济困难证明—班主任、同学反映真实情况—通过调查家访了解学生家庭生活水平。这些实际工作中的基本程序基本能够做到深入了解中小学贫困生家庭的实际贫困情况，对贫困生的认定做到准确、合理、全面。

本课题研究将所涉及的中小学贫困生界定为当前在贵州省接受中小学教育且依法、依规享受贫困生资助政策的中小学生。这部分群体由于家庭经济条件的限制，其顺利发展和健康成长存在困难，家庭及监护人无力支付其接受中小学学校教育所产生的相关生活费用，或是支付其接受中小学教育所产生的相关费用比较困难。本课题涉及的中小学贫困生范围包括：建档立卡贫困户子女，家庭持有农村特困户救助证的中小学生，父母身患重大疾病丧失劳动能力造成家庭经济困难的中小学生，父母离异或丧父、丧母等原因造成家庭经济困难的中小学生，城镇低保户家庭子女，城乡孤儿，残疾学生，突发事件导致家庭贫困的中小学生，农村家庭人均年收入低于 882 元的中小学生，建设征地导致农村家庭人均耕地面积大量减少且造成家庭经济严重困难的中小学生，等等。

二、理论基础

（一）马克思主义反贫困理论

马克思致力于追求共产主义理想，从很早就开始关注底层人民的生存境况，当时德国社会存在的贫困问题成为他的重要关注点。当黑格尔的法哲学体系无法解决现实的物质利益问题时，马克思开始探索贫困的解决路径，开始构筑自己的贫困理论。

马克思从政治经济学的体系和观点出发，系统论述了社会贫困现象及其成因，并探讨了贫困与社会各要素之间的关系，形成了体系鲜明的贫困问题分析框架。

马克思关于反贫困的相关理论认为产生贫困的根本原因在于社会制度。不同的社会制度，以及与社会制度相配套的经济制度、政治制度造成了不同的社会群体成为贫困人口，他将贫困的产生归结于资本主义制度的本质——生产资料私有制，对资本家无情剥削无产阶级的资本主义制度进行了深刻剖析。正如经济基础决定上层建筑的观点，马克思指出："物质生活的生产方式制约着整个社会生活、政治生活和精神生活的全过程"①，资本成为支配社会主义意识形态的重要力量，关于资本主义的经济活动，马克思认为："交换和消费不能是起支配作用的东西，这是不言而喻的。分配，作为产品的分配，也是这样"，究竟如何分配成为贫困产生的关键，"一定的生产决定一定的消费、分配、交换和这些不同要素相互间的一定关系"②。上述基本观点和立场构成了马克思关于社会问题的分析框架，基于此，马克思认为人类社会想要从根本上解决贫困问题，需要从社会制度的变革出发，将生产资料的私有制改变为生产资料的公有制，并建立起以生产资料公有制为主体的政治、经济、法律等社会制度。

苏联在继承马克思、恩格斯的反贫困理论的基础上，进一步探索了社会主义制度下的贫困问题。例如，列宁反对贫困落后的俄国，明确提出贫困在社会主义制度下依然存在。他曾指出："在伟大的政治变革和军事变革以后，要用很长时间在文化上和经济上消化他们；同时他预测：

① 中共中央马克思恩格斯列宁斯大林著作编译局.马克思恩格斯选集：第2卷[M].北京：人民出版社，2012：32.

② 中共中央马克思恩格斯列宁斯大林著作编译局.马克思恩格斯选集：第2卷[M].北京：人民出版社，2012：17.

消除苏维埃俄国的贫困落后状态，完成‘文化革命’任务，也许会需要整整一个历史时代。”这显示出贫困问题具有长期性、艰巨性的特点。

经济学家阿马蒂亚·森在继承了马克思的贫困理论的基础上，对贫困现象进行了深入的剖析。他认为在社会经济活动中人们的交换权利以及所有权模式，对贫困的影响是显性的。“要理解普遍存在的贫困、频繁出现的饥饿或饥荒，我们不仅要关注所有权模式和交换权利，还要关注隐藏在它们背后的因素。这就要求我们认真思考生产方式、经济等级结构以及它们之间的相互关系。”[①]贫困是依存于社会活动的必然现象，阿马蒂亚·森在考察了贫困现象之后，明确提出了社会生产方式以及经济等级结构是造成贫困，致使饥饿或饥荒现象频繁发生的根本原因。

一脉相承的马克思列宁主义、毛泽东思想、邓小平理论以及具有中国特色的反贫困理论都将消除贫困、达到共同富裕作为建设目标，针对这样的目标进行了极富成效的伟大实践。“消除贫困是社会主义的本质所在”是马克思主义反贫困理论的本质所在，也是马克思主义反贫困理论的重要内容，这一重要内容在社会主义建设事业中具有举足轻重的地位。中国近代，尤其是改革开放以后，致力于改善以温饱问题为主的贫困社会现状，邓小平明确提出了共同富裕才是社会主义的本质所在，社会主义要将消除贫困作为根本目标，努力实现社会共同富裕。这些重要观点和理论对于重新认识社会主义阶段的贫困问题具有重要意义。

以习近平同志为核心的党中央，在新时代继承和发扬了马克思主义反贫困理论，形成了一系列具有中国特色的反贫困理论和论述，并进行了卓有成效的扶贫实践。习近平总书记关于新时代反贫困的相关论述正是在继承马克思主义反贫困理论和探索创新我国反贫困工作经验的基础上，结合我国基本国情，创新性地形成了有中国特色的反贫困理论和模

① 阿马蒂亚·森．贫困与饥荒[M].王宇，王文玉，译．北京：商务印书馆，2001：12.

式，为全世界的反贫困工作提供了宝贵的中国经验。

（二）公共政策理论

1. 范畴及分类

公共政策主要是指由社会公共部门出台的用于处理和解决社会公共问题的一系列行为准则和规范，其制定和实施具有明确的目标，以维护社会公共利益为最终目的，其内容涉及社会资源获取、分配等具体环节。公共政策是国家对各种社会活动进行规范和管理的重要工具，其范围涉及纷繁复杂的各类社会活动。依据不同的标准可将公共政策做不同的区分：按照政策制定主体的不同，可分为国家政策、政府政策和地方政策；根据施与对象规模大小，可分为微观政策、中观政策、宏观政策；依据影响的社会领域不同，可分为社会政策、经济政策、文化政策、教育政策等；根据发挥效力的时间长短，可分为长期政策、中期政策、短期政策等。

2. 学术史演进

美国学者哈罗德·德怀特·拉斯韦尔（Harold Dwight Lasswell）、亚伯拉罕·卡普兰（Abraham Caplan）于1950年正式提出“政策科学”的概念，这被认为是政策科学的起点。作为公共行政学的鼻祖，托马斯·R.戴伊（Thomas R. Dye）、伍德罗·威尔逊（Woodrow Wilson）、罗伯特·艾斯顿（Robert Eyestone）、戴维·伊斯顿（David Easton）等都对公共政策的内涵和范围有所研究。随着政策内容的不断丰富，各学者对政策的制定与执行、政策调整，以及最终的政策终结与评估进行了研究。自20世纪60年代起，公共政策研究旨在通过公共部门内通过的技术性方案，来帮助政府进行科学决策。前期的公共政策研究以科学主义知识观和实证主义技术为基础，致力于建立精简高效的普适性决策方案，努力做到价值中立。随着人文主义、认识论对人们的影响日渐深化，人们不断质疑传统政策研究的“价值缺失”问题，开始探讨政策的价值观研究，显露出浓浓的人文主义气息。

国内学者借鉴了国外的政策研究，提出了一系列理论和观点。关于政策的定义，陈振明在《公共政策分析》一书中认为，政策是“一系列政治行为或约定的行动准则，既包括法律、措施、规定，也包括办法、制度、条例等，制定主体包括各类政党、各大国家机构、各种政治实体，所有政策的制定都是为了达到相应的目标，包括政治活动目标、经济增长目标、文化发展目标等”[①]。随着公共政策学科的兴起，学界对政治、经济、教育等各种社会政策进行了系统研究，并结合特定历史时期的社会背景，致力于服务和指导相关社会实践活动。

3. 主要内容

关于政策内涵的分析研究也在不断丰富，学界普遍认为公共政策所涵盖的内容主要包括政策价值、政策系统和政策过程三个方面。

第一，政策价值是公共政策制定和执行的组织机构在政策价值方面的取向，是为达到什么目的而制定与实施的。主要表现为公共政策的制定是围绕什么意图而展开的，制定和实施公共政策的目的是什么，对个人、社会、民族和国家而言，某项公共政策又意味着什么，能得到什么[②]。公共政策，顾名思义，“公共性”是政策的重要特征，政策的制定和实施要以维护和实现公共利益为根本取向和主要导向，公共价值的彰显成为众多学者公认的政策价值导向。

① 陈振明．公共政策分析[M]．北京：中国人民大学出版社，2003：43.

② 严强．论公共政策的价值[J]．南京政治学院学报，2007（2）：55-59.

第二，政策系统包括政策的主体、客体和环境等各个具体方面和因素，政策系统内部的各个方面构建合理，联系得当，公共政策就能达到良好的效果。政策主体是指参与政策制定、执行、评估和监控的个人、集体或组织，是政策组织和实施的主要推动者；政策客体是指公共政策所要产生影响的对象，既指其要调节的社会活动，也指其产生影响的社会群体；政策环境包括政治、经济、文化、法律、制度、国际国内等环境，总结为影响公共政策实施过程中一切因素的总和，它直接而重要地影响着公共政策①。总而言之，政策系统是主体、客体与环境相互影响作用的复杂过程。

第三，政策过程是公共政策系统运行的一个完整周期，是一个从公共问题产生到政府最终解决的过程②。根据政策实施的前后阶段，政策过程分为制定、执行、评估、监控和终结五个阶段。首先，政策制定是从问题和目标出发，制定规划方案使其合法化，公众的参与是政策制定的重要保障。其次，政策执行是政策主体通过资源配置、机制规范、制度约定等措施使政策在实际社会活动中具体实施。再次，政策评估则是对政策运行效果的评判，以便于进一步对政策进行调整。从次，政策监控是对政策运行的控制过程，以便于及时对可能出现的偏差进行纠正。最后，政策终结是将问题得到根本解决后将失效、落后或过剩的公共政策过程终止。这五个方面是公共政策实施的相互影响、相互作用的综合过程。

4. 政策评估模型

众多学者从公共政策的评估出发，影响现实政策的制定、实施与调

① 陈振明．公共政策分析 [M]. 北京：中国人民大学出版社，2009：52.

② 陈振明．公共政策分析 [M]. 北京：中国人民大学出版社，2009：60.

整，由于视角不同，目前学术界关于公共政策评估的模型呈现百家争鸣的态势。公共政策评估作为政策系统中的关键环节，影响着政策的制定、执行、调整和终结，对改善政府绩效，实现政府职能转变有重要意义①，同时通过公共政策评估可以发现政策的变迁规律、挖掘政策的演进逻辑，这对于公共政策的制定和执行至关重要。

目前，学术界较为典型的是陈振明等提出的政策全过程评估模式，即对“政策制定—政策执行—政策效果”的政策过程进行政策评估，并以此建立全过程评估模型②。在实践中，赵莉晓在对创新政策进行评估时按照该模型从“政策制定—政策执行—政策效果”出发确定创新政策评估模型③；封铁英、熊建铭也应用该模式评估了新型农村社会养老保险政策执行状况和实施效果④。郭俊华、曹洲涛根据全过程模型，在结合知识产权政策的特性的基础上，按照“政策的制定—资源的投入—政策实施—政策实施效果”设计了知识产权政策的评估模型⑤。以上具有代表性的政策评估模型，构成了当前分析评估公共政策的基本模式和框架，对本课题具有较强的指导和借鉴作用。

本课题研究的贵州省中小学贫困生扶志扶智教育政策属于公共政策，本研究试图从公共政策的相关理论与模型中构建后续的调查维度和分析路径。

---

① 陈振明．公共政策分析导论 [M]. 北京：中国人民大学出版社，2015.

② 陈振明，薛澜．中国公共管理理论研究的重点领域和主题 [J]. 中国社会科学，2007（3）：140-152，206.

③ 赵莉晓．创新政策评估理论方法研究：基于公共政策评估逻辑框架的视角 [J]. 科学学研究，2014，32（2）：195-202.

④ 封铁英，熊建铭．新型农村社会养老保险政策评估——基于土地流转制度背景下的研究 [J]. 公共管理学报，2012，9（1）：33-43，123-124.

⑤ 郭俊华，曹洲涛．知识产权政策评估体系的建立与推进策略研究 [J]. 科学与科学技术管理，2010，31（3）：31-38.

三、贫困与教育扶贫

（一）贫困的源起与阐释

贫困被学界公认为是人类社会的特定社会历史现象，根据各国政策、经济、文化差异呈现不同的贫困现象。普遍而言，国际上大多数国家都是根据世界银行的检测评判标准来确认是否贫困的，以人均收入为主要标准。

1990 年，世界银行在《1990 年世界发展报告》中就将贫困定义为缺乏达到基本生活水准的能力，并以贫困线来识别贫困，即通过收入和支出的最低生活标准来识别，由此将贫困分为绝对贫困和相对贫困。2001 年 1 月，世界银行重新对贫困进行了定义，认为贫困具有以下三个重要特征：①缺少机会参与经济活动；②在一些关系到自己命运的重要决策上没有发言权；③容易受到经济以及其他冲击的影响，如疾病、粮食减产、宏观经济萧条等[①]。综合而言，世界银行关于贫困的定义及其认定，均是源于经济学的概念与范畴，特指经济收入水平较低，不能满足基本的生活需要，属于经济领域的收入贫困范围。

随着人类反贫困事业的深入，社会各界对贫困概念的认识范围也不断扩大，认为贫困不仅仅指经济贫困，也涵盖了其他基本生存条件的匮乏。联合国开发计划署（UNDP）编写的《人类发展报告》（1997 年）提出人文贫困（Human Poverty）概念，其含义为寿命、健康、居住、知识、参与、个人安全和环境等方面的基本条件得不到满足，因而限制了人的

① 沈立人．中国弱势群体 [M]. 北京：民主与建设出版社，2005：6.

选择，其贫困指标主要体现在健康长寿、获得知识、利用资源三个方面的能力被剥夺①。

现在普遍的关于贫困的认识已经不再是局限于物质条件，而是指与人的基本生存需要相关联的多种类型。阿马蒂亚·森关于贫困的解释成为学界公认的关于贫困的理解。他在 1997 年的研究中提出，贫困意味着贫困人口缺乏获得和享有正常生活的能力，贫困的真正含义是指贫困人口创造收入的能力和机会的贫困，甚至是他们获取收入的能力受到剥夺以及机会的丧失，包括低收入、疾病、人力资本不足、社会保障系统的软弱无力、社会歧视等。

国内学者也大都认同这种关于贫困的定义，贫困意味着“存在着一个特定人群，他们因未解决温饱之忧而无法实现更高层次的人生发展，而且也无法参与社会的主流，他们在社会中事实上成为边缘群体”②。现代社会贫困应该是指某些社会成员物质资源缺乏难以保证其基本生存，文化资源、社会资源缺乏难以使其获取发展自己的能力和机会，以至于无法过上与其他社会成员相当的最基本的物质和精神生活的生存状态。

关于贫困形成的原因，一般认为其具有复杂性和多维性，根据贫困现象的具体表现，可将贫困成因划分为物质贫困、精神贫困、能力贫困和权利机会贫困等。因不同学科领域的视角不同，不同学者针对贫困的不同类型展开了各自的讨论，教育学家着重关注如何通过教育手段提高贫困者的生存和发展能力，使其彻底摆脱贫困，即侧重于“扶志”与“扶智”的能力贫困研究。例如，阿马蒂亚·森认为：“对基本可行能力

① 刘铮，浦仕勋．精准扶贫思想的科学内涵及难点突破［J］．经济纵横，2018（2）：72-77.

② 唐钧．最后的安全网：中国城市居民最低生活保障制度的框架［J］．中国社会科学，1998（1）：116-127.

的剥夺是贫困产生的主要原因。”[①] 美国舒尔茨则从人才资本理论出发，认为：“影响人的贫困或富裕的决定性因素是人，是人的自身素质。”[②]

本课题研究所指的贫困属于广义的贫困范畴，内涵较为丰富。不仅仅指由于中小学生家庭经济贫困而带来的学业困难和成长障碍，还包括因经济贫困带来的精神贫困、能力贫困、受教育权利机会贫困等多种中小学学校教育中存在的贫困现象，此外还包括中小学教育本身存在的教育质量的水平低、优质教育资源的不足、受教育与发展机会的不公平等。因此，本研究中“全面实现脱贫”的内容既有“靠教育而脱贫”，又涵盖“脱教育之贫”。

（二）教育扶贫：立足长远拔穷根

贫困现象最直接的表征是物质贫困，物质贫困会带来各种各样的生活困难，从而引发更多层面的贫困。首先是会引起精神层面的压抑与束缚，从而造成精神上的贫困。从这一层面来讲，精神贫困既是物质贫困导致的结果，又是贫困长期存在的内在原因，进而又导致物质贫困，形成恶性循环，长此以往，会造成贫困的代际传递。

对于贫困群体来说，经济条件差、物资匮乏是贫困最直接的外在表现，贫困的关键根源在于内在思想观念的束缚。要解决这种贫困的内在根源就要依靠教育，教育是根治“贫困”这一顽疾的良药，是可以消除贫困的治本之策。教育扶贫是解决贫困的根本路径，相比其他扶贫路径更具有可持续性和根本性，因而要发挥教育在精准扶贫、精准脱贫中基

① 阿马蒂亚·森.以自由看待发展[M].任赜，于真，译.北京：中国人民大学出版社，2013：13.

② 舒尔茨.人力资本投资：教育和研究的作用[M].蒋斌，张衡，译.北京：商务印书馆，1990：86.

础性、先导性和持续性作用。[①]然而，对贫困地区和贫困群体来讲，经济的贫困会直接造成教育的落后，正因如此，教育贫困恰恰是贫困问题的集中体现，即教育发展水平偏低阻碍其教育扶贫功能的发挥。[②]

教育扶贫立足长远拔穷根，通过培养贫困家庭子女成才，助推贫困家庭彻底告别贫困，对阻断贫困的代际传递具有根本性作用。教育扶贫区别于传统的“输血式”扶贫，属于“造血式”扶贫，是一项具有根本性、长远性的战略举措，不仅可以帮助千万农村贫困学生及其家庭脱贫致富，还有助于改变农村贫困家庭几代人的命运。教育通过培养人才，提高社会人力资本，从而发挥社会经济功能，通过教育也可以实现经济的增长和社会的协调发展。教育可以使贫困人口具有劳动技术能力，使他们获得更多的就业机会和更多的收入；增强他们脱贫的信心和意识，使他们自觉地提升自己的各方面素质，从而使他们不会随着技术的进步、时代的发展而被淘汰，失去工作机会和收入，在未来面临贫困危机。

“十年树木，百年树人。”教育扶贫作为以育人为目标基于教育行业特征的扶贫类型，其扶贫过程具有长期性、效果的迟效性和价值的潜隐性等特征[③]。教育功能发挥的持久性决定了中小学教育，尤其是基础教育扶贫的效果呈现具有一定滞后性，需要经过一段稳定持续的时间才会发挥并显现作用。[④]这样的特征与扶志扶智的要求和做法不谋而合，教育通过其育人本质功能的实现达到扶助贫困人口精神财富和生活能力的增

① 王嘉毅，封清云，张金．教育与精准扶贫精准脱贫[J].教育研究，2016（7）：12-21.

② 刘军豪，许锋华．教育扶贫：从“扶学育之贫”到“依靠教育扶贫”[J].中国人民大学教育学刊，2016（2）：44-53.

③ 代蕊华，于璇．教育精准扶贫：困境与治理路径[J].教育发展研究，2017，37（7）：9-15，30.

④ 张琦，史志乐．我国教育扶贫政策创新及实践研究[J].贵州社会科学，2017（4）：154-160.

强，从而使其从根本上有效脱贫。

综观所有的扶贫手段，教育精准扶贫以扶“思想之贫”和“扶能力之贫”为主要内容，通过“扶志”和“扶智”致力于为社会培养合格人才，也为贫困家庭培养有希望的下一代，发挥教育的本体功能从而达到扶贫的目的，教育扶贫的“扶人之贫”的价值意蕴正与教育培养人的目的高度契合。

四、扶志扶智教育之道

（一）扶志扶智：教育扶贫的重要内容与基本模式

扶志扶智是脱贫攻坚深入到关键时期提出的扶贫方式，与传统的物质扶贫、钱物扶贫具有一定的区别，具有基础性、根本性、持续性的特点。扶志、扶智是后扶贫时代突破扶贫瓶颈的重要抓手，也是教育扶贫的重要内容，对贫困群体的思想观念转变和脱贫能力提升具有可持续发展的重要作用。

1. 志与智的内涵

在我国古代典籍中关于“志”的理解，多为志向、意志之义，《说文解字》中将“志”理解为与“意”相同：“志，意也，从心之声。”《现代汉语词典》中将“志”释义为志向、志愿和志气、意志之意。但不论何种解释，人的志向、志气、意志、志愿对贫困生的健康成长和摆脱贫困起到重要作用。“志”作为贫困主体发展的内因，体现为因长期处于贫困而产生的依赖心理以及被动式的“等、靠、要”心态，在贫困生群体中着重表现为缺乏主动发展、积极学习的信心、意志、勇气等主观意愿。这种不良思想和消极心态是贫困文化形成的根源，也是导致其贫困的重要内因，正如世界银行在2015年发布的《世界发展报告》中指出，摆脱贫困需要从贫困主体的主观思维上加以认识。正所谓“志不强者智不达”，扶贫主体有足够的内生发展动力与坚强的发展意识、信心是能力培养的重要前提，现阶段扶贫的“痼疾”体现在个别贫困群体主动致富和发展的志向不足、脱贫的信念不坚定，因此“志”的问题是需首要解决的难题。

“智”被释义为聪明、智慧和见识（《现代汉语词典》）。习近平指出发展经济“要靠人的聪明才智，要靠有较多知识、较高技能水平的技术人才和管理人才”①“科学技术是脱贫致富的关键”②。可见，摆脱贫困需要的“智”是指科学知识、科学技术，具有较多文化知识、较高技能的技术人才和管理人才就是“有智者”。摆脱贫困必须依靠这些人才的聪明才智，改变农村的落后面貌就要靠掌握这些科学技术的专门人才。③“授人以鱼不如授人以渔”，以物质给予为主的扶贫方式无法达到帮助贫困户彻底远离贫困的目的，只有通过帮扶让贫困户掌握知识、技术，才能从根本上致富，因此当前的扶贫工作应实现从单纯侧重物力资本投入到重视个人能力提升的转变。对中小学贫困生扶智就是要为贫困生提供公平的学校教育资源，帮助其掌握知识和生活技能，培养其健全人格和良好心理品质。

“扶志”与“扶智”是辩证统一的关系，教育扶贫离不开“扶志”与“扶智”任何一个环节。“扶志”意指“扶思想、扶观念、扶信心”，力求树脱贫之“志”，体现了脱贫的积极性、主动性以及坚定决心与信念；

① 习近平．知之深 爱之切[M]．石家庄：河北人民出版社，2015：45.

② 习近平．摆脱贫困[M]．福州：福建人民出版社，2014：148.

③ 习近平．知之深 爱之切[M]．石家庄：河北人民出版社，2015：109.

“扶智”意味着“扶知识、扶技术、扶思路”，追求脱贫之“智”，体现脱贫对知识智慧、技术能力的需求。“扶志”是扶脱贫的动力，是提升贫困人口脱贫的主体意识，只有树立了坚定而明确的志向，才能增强对“智”的渴望和主动性，正所谓“智随志走”；“扶智”是扶脱贫的能力，是提高贫困人口脱贫的主体能力，只有培育了贫困户丰富而有益的“智”，使贫困户掌握文化知识和科学技术、拥有改变贫困的能力，才能坚定其走出贫困的信心，迸发出强大的动力，正所谓“志以智强”。

2. 扶志扶智的功能发挥

在脱贫攻坚进入“最后一公里”的关键阶段，要充分认识扶志扶智的重要功能，并且保障对贫困生扶志扶智的实施，才能达到激发教育扶贫可持续作用的目的。当前的扶贫不仅需要“输血式”的物质扶贫，更需要“造血式”的扶志扶智，能“输血”更要善于“造血”，用“授人以渔”的思路和方法让扶贫充分实现可持续性的长效作用。若要从根本上摆脱贫困，需“智随志走、志以智强”，实施“志智双扶”。

（1）“扶志”激发自主脱贫的思想动力。扶贫先扶志，“志”是扶贫对象发展的内因，扶贫如果不扶志，扶贫就很难取得真正的效果。“扶志”针对贫困家庭和学生，重在从思维观念、发展志向上使其树立脱贫信心和远大理想抱负，从扶贫对象思想根源上斩断“穷根”，从而激发其自主发展的内生性动力。针对扶贫对象内在志向不够、精神面貌不佳的现实，要努力通过“扶观念”改变其落后思想观念和陈规陋习，通过“扶信心”激发其自力更生、斗志昂扬的致富信念，营造“树新风、乐参与、齐动手”的自主脱贫舆论文化氛围①，引导贫困群众树立积极向上的

① 李华，马静，宣芳，等．基于精准视域下甘肃省少数民族地区教育扶贫研究[J]．电化教育研究，2017（12）：27-31，43.

发展信念和致富理想，增强贫困群体摆脱贫困的内生动力，实现贫困群众精神层面的“脱贫”。

家庭经济贫困会限制贫困生成长，贫困文化会对其发展造成不利影响，形成深层次的精神贫困。对贫困生进行扶志，就是要着力解决精神层面的贫困问题，其内容包括“扶思想、扶观念、扶信心”，通过有效扶志使贫困生淡化或转变因经济贫困带来的消极观念和不良生活习惯，形成积极乐观的心态和良好的生活习惯，增强其成长信心与脱贫斗志，以充满阳光的精神面貌改变贫困落后的生活境况，努力成为德智体美劳全面发展的社会主义事业的建设者和接班人。通过贫困生的扶志扶智促进贫困家庭脱贫能力提升、贫困地区经济社会文化的全面发展，从而彻底阻断贫困的代际传递。

（2）“扶智”催生自主脱贫的行为活力。扶贫必扶智，扶贫如果不扶智，则会使扶贫对象能力欠缺、知识匮乏，乃至身无长技，生存技能严重不足，进一步造成其教育投入不足，致使贫困代际传递。发挥扶智的功能充分体现了教育精准扶贫的现实作用，强化贫困群体的文化知识和生活劳动技能培养，提高贫困人口的综合素质和能力，使其形成良好的生活致富技能和生活习惯，从而真正达到脱贫目的和阻断贫困的代际传递。

从中小学教育的角度来讲，扶智是重要的学校教育内容，学校教育通过科学文化普及、综合素质培养等教育方式，为贫困人口顺利脱贫提供了强大的智力支撑，帮助贫困家庭提高知识文化程度、生活能力和生产技能，使其掌握技能方法、知识基础，努力实现脱贫致富的可持续发展。扶志扶智如同机器的发动机一般，为贫困户和学生提供脱贫致富的真正动力，是扶贫事业可持续发展、彻底阻断贫困代际传递的可靠保障。

（二）对贫困生扶志扶智的本质

贫困肇始于外部资源如家庭经济资源、社会资源、教育资源的匮乏，这些不利的外部资源会限制贫困生个体发展，造成个体心理、精神、观念等各方面的贫乏。对贫困生扶志扶智，区别于传统的物质扶贫，更多地关注贫困生思想观念、知识文化、精神心理等非外在物质层面的因素。对贫困生的扶志扶智作为教育扶贫的重要内容，要以实现贫困生精神层面的发展为目标，以教育精准扶贫为手段，为贫困生提供公平且优质的教育资源和条件，强化中小学教育育人的过程和效果，努力实现贫困生的全面健康发展。

1. 扶志气，树理想，引导贫困生发展自信和健康的“三观”

扶志意为加强中小学贫困学生思想政治教育，利用课程教学、校园文化、活动参与等多种途径和方法，强化对家庭经济困难学生的诚信教育、责任教育、感恩教育和心理健康教育，着重培养贫困学生的思想品德、人文素养、科学精神和实践能力，引导受助学生树立远大的人生理想，帮助其形成健康积极向上的世界观、人生观和价值观，从而为其一生发展和贫困家庭顺利脱贫奠定坚实基础。

通过扶志使贫困生树立远大的人生志向和制订正确的人生规划，形成积极向上的发展理念，利用多种形式的教育培养贫困生面对逆境不服输、不屈不挠、吃苦耐劳的优秀意志品质，教育贫困生正确面对人生挫折和贫困境遇，使其形成自信、自立、自强的坚定人生信念。向贫困生传递“知识改变命运”的思想，让其认识到学习是走出贫困、改变命运的重要途径。积极创造公平的发展机会和条件，营造有质量的学校教育体系，尊重贫困学生的人格和尊严，让其体会到党和国家的温暖、社会的关怀和学校师生的关爱关心，引导他们努力用良好的发展和优异的成绩回报国家、社会和他人。

2. 扶学业，助成才，促进贫困生能力提升和全面发展

扶智强调以学校教育内容为主体，坚持以“立德树人”为根本任务，促进贫困生的核心素养提升和全面健康发展。培养贫困生良好的知识基础和文化素养，使其形成良好的道德意识、心理品质和健康的人格品质，为贫困生成长发展提供坚实的智力保障，破除唯知、唯利倾向，实现贫困生全面健康发展，助力贫困生踏上素质教育的成长列车。

以提升贫困生的学业成绩和学习能力为重点，提供全方位、全过程的育人体系帮助辅导，引导贫困生形成良好的学习习惯，使其掌握正确的学习方法，并激发其主动学习的兴趣，确保其心无旁骛地投入知识文化学习过程之中，取得较好的学业成绩。深入推进课堂教学改革，让自主管理、自主学习成为学生自我发展的主动力，让课堂教学成为提升贫困学生学业成绩和综合素质的主阵地。

（三）贫困生扶志扶智的现实逻辑

教育扶贫是一个以发展中的教育为手段，以贫困者或者贫困现象为对象，以贫困的消减或解除为目标的动态过程。[①] 对中小学贫困生扶志扶智从根本上来讲是教育功能发挥的问题，需要符合教育规律。基于精准资助的教育扶贫从其实践逻辑和实现思路上分为三个层次，这三个层次是由浅入深、环环相扣的关系，并最终实现中小学贫困生的全面健康发展，达到彻底阻断贫困代际传递的目的。

第一，助困。助困是指从经济方面对困难家庭学生进行扶助，是对中小学贫困生最低层次成长需要的物质条件的满足。立足经济帮扶的教

---

① 范小梅．“教育扶贫”概念考辨[J]. 教育探索，2019（4）：1–5.

育扶贫，依据资源短缺、条件困难等可测量的指标，对贫困生群体进行经济资助。我国当前教育精准扶贫政策的实施已经让贫困生得到了全面的经济帮扶，为贫困生克服经济条件的困难和限制、摆脱贫困生活境地奠定了良好的物质基础。然而，单纯的物质方面的助困政策实施有可能产生帮扶群体“等、靠、要”的消极现象，违背扶贫政策初衷。

第二，尚德。对于贫困者来说，内在的观念落后和思想束缚是贫困的根源，也是治理贫困的顽疾。教育扶贫的第二层面要利用“扶志”以转变陈旧思想观念，促进贫困者内生式发展，进而树立其坚定的脱贫信念。因为贫穷的意识、观念和文化是制约人发展的重要因素，提高贫困生的思想道德水平，使贫困生具有“想脱贫”的主观能动性，大力发挥“造血式”扶贫的特点和功能，从根本上帮助贫困生解决贫困问题。贫困生通过“尚德”层面的帮扶，形成积极向上、奋发拼搏的精神和知恩感恩、诚信乐观的道德情操，形成健全的人格和积极的心理素质。

第三，强能。“强能”意为培养贫困生良好的知识文化素质和提升贫困生生活生存技能，让其综合素质以及生存能力得到有效提升，最终实现贫困生的健康成长和全面发展。只有提高了贫困生自身的发展能力，使贫困生顺利成长成才，才有可能达到结果上的公平。“强能”最终能够让教育扶贫在贫困家庭脱贫过程中体现教育的现实性作用，通过对贫困生生活技能和发展能力的系统培养，助力贫困生顺利成长成才，进而为彻底脱贫提供可靠保障。

从“助困”到“尚德”，再到“强能”，是教育扶贫实施的三个阶段，它们互为支撑，相互依赖，唯有真正关注到这三个层面的帮扶，才能真正发挥教育扶贫的作用。

（四）中小学扶志扶智教育的目标层次

对中小学教育来讲，教育扶贫是从全覆盖向优化结构、促进公平、提升质量方面循序渐进地推进工作，对贫困生的扶志扶智教育是具有多层次、多维度目标的综合系统教育。

其主要层次包括：

第一，上得起学是基础。教育扶贫政策首先应立足于防止因学致贫、帮助贫困生实现以知识改变命运的基础，彻底根除因贫失学、因贫辍学、因贫不学或因学致贫的不良现象。

第二，上好学是关键。以优质教育资源供给为突破口，通过资源合理配置促进贫困地区中小学均衡发展，防止贫困生因贫困而转化为学困生，因厌学而辍学，为每一名贫困生提供适合其发展需要的优质学校教育。

第三，用得上是根本。进一步优化学习内容，丰富教学资源，努力让学校知识与生活相融合，促进贫困生生活能力提升，达到使贫困生获得幸福生活的目的。

第四，就好业是目标。通过接受教育能够顺利就业进而彻底阻断贫困代际传递是教育扶贫的最终目标，以“增技能”和“扶就业”为主要内容，不断提升贫困生及其家庭的能力水平，促进教育扶贫功能的有效发挥。

在教育扶贫领域，如果只是单纯地通过经济救助的外部扶助方式进行物质贫困的消除，即单一“输血式”救济型扶贫，短期内会使贫困人口的贫困状况暂时得到改善，一旦“输血”结束，很快又会重返贫困。如若不及时对贫困生进行扶志扶智教育，帮助其摆脱精神和思想的贫困，单一的救济式扶贫还会使贫困生及其家庭滋生出依赖救济、懒于脱贫、不愿意脱贫的消极思想，还会使脱贫攻坚面临“脱贫又返贫”的难题，并成为扶贫过程中难啃的硬骨头。贫困生一旦形成被动式的“等、靠、要”的消极心态和观念，其精神贫困无法根除，就会再次陷入贫困泥潭，周而复始，贫困治理的难度会越来越大。贫困生在成长过程中受政策影响，因扶志扶智政策实施与否，会产生截然不同的发展情况。教育精准扶贫政策下贫困生成长分析如图 1-1 所示。

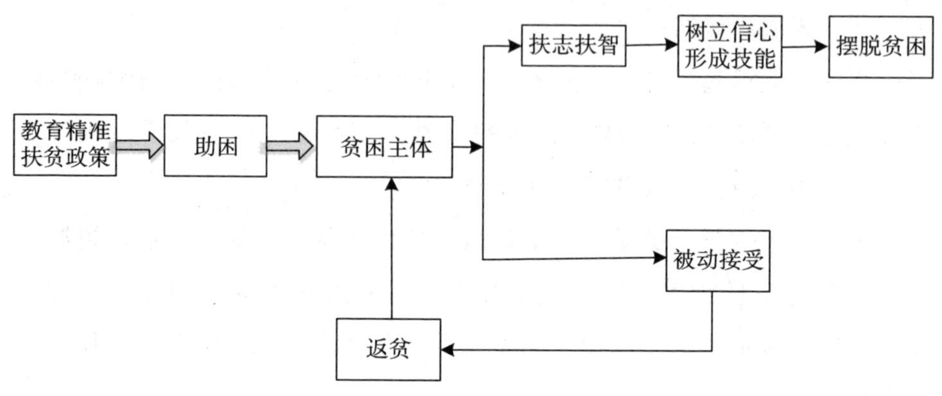

图 1-1　贫困生成长分析

古语有云："授人以鱼，不如授人以渔。"对贫困生扶志扶智是难度较大的系统教育过程，相比单纯的钱物资助，难度要大，可一旦顺利实施发挥功效，其成效又远比钱物资助大。因而，脱贫攻坚最终目标的实现必须加强物质贫困消除和意识、思路贫困消除的结合，加强"富口袋"与"富脑袋"的结合，充分发挥脱贫意识，理清脱贫思路，突出实现扶志扶智的重要作用。

（五）扶志扶智与教育精准扶贫的关系

教育扶贫是教育精准扶贫政策的内嵌价值，对贫困生的资助工作的内涵和要求不仅包括经济的帮扶，还包括通过经济资助使贫困学生公平地接受良好教育，并在教育过程中形成健康的人格品质和良好的素质能力，从而达到彻底脱贫并从根本上斩断贫困代际传递的目的。

当前，中小学贫困生资助工作已转入深入发掘资助育人功能的内涵发展阶段。资助是手段，育人是目的，扶志扶智教育与这种发展转型观念不谋而合，通过扶志扶智教育逐步根除造成贫困生成长困难的落后思想观念与认知根源，从而真正达到育人的目的。深化资助育人政策的内涵和要求与我国当前的扶贫政策由“输血式”扶贫向“造血式”扶贫转型完美契合，为当前教育精准扶贫理论体系的进一步完善发展提供了一个客观的研究视角和全新的理论启示。

当前解决贫困顽疾的要旨和关键是提高贫困生“自我实现”的内生发展能力，而不是依靠简单地发放救济款物，只有这样才能实现长久脱贫的根本目的。对贫困生的帮扶，不仅是钱物资助，更要通过钱物资助“扶志气、扶思想、扶精神、扶文化”。有学者认为，教育扶贫的方式必须发生改变，即由对贫困学生的直补转变为改善其所接受的教育，提高其所接受教育的质量。[①] 以扶志扶智为主要内容的贫困生帮扶突出扶贫质量，关注帮扶效果，能切实加强贫困生及其家庭的发展后劲和发挥其潜力，是发挥教育扶贫阻断贫困代际传递的重要途径。对贫困家庭来讲，孩子的成长成才就是家庭摆脱贫困的根本保障，是家庭步入小康的希望所在，只要子女成为对社会有用之才，当其走向社会后就会保障和带动整个家庭成功脱贫。

现代扶贫概念的外延已经从单一的促进经济增长扩展为制定科学合理的制度确保社会公平，促进教育文化发展确保人口能力提升等综合性的目标和战略。正如有学者认为：“目前，我国扶贫开发工作正在从单纯侧重物力资本投入转向同样重视人力资本投入。”[②] 由此，扶贫强调了涵盖外在扶贫和内在扶贫，经济层面脱贫和精神文化层面的扶贫，确保基本生存的扶贫和自我发展的扶贫等多方面的统一。[③]

① 袁桂林．教育扶贫方式须改变[N]．光明日报，2015-05-24（8）．

② 李伟丁，延庆．既扶贫又扶智　教育扶贫效益巨大[N]．人民日报，2016-07-24（5）．

③ 刘军豪，许锋华．教育扶贫：从“扶教育之贫”到“依靠教育扶贫”[J]．中国人民大学教育学刊，2016（2）：44-53．

综上所述，扶志扶智作为落实教育扶贫战略、打赢脱贫攻坚战的切实路径[①]，对发挥教育扶贫的可持续性扶贫功能、彻底阻断贫困代际传递具有十分重要的作用。“志智双扶”理论，是我国教育扶贫的理论结晶，坚持机制创新和方法创新，充分体现中国特色社会主义教育的本质特征，是我国教育扶贫的经验总结。

① 李兴洲，邢贞良．攻坚阶段我国教育扶贫的理论与实践创新[J]．教育与经济，2018（1）：42-47，56.

第二章　改革开放以来教育扶贫政策的演进与梳理

在扶贫领域突出扶志与扶智是马列主义反贫困理论在中国的进一步深化，是习近平新时代中国特色社会主义事业的创举，对人类反贫困事业具有积极贡献，对我国脱贫攻坚任务的完成具有重大的实践和理论意义。本章从政策演进的角度对改革开放以来我国教育扶贫政策的历史进行回顾与梳理，大致形成对历史变迁脉络和未来发展规律的准确把握。

一、改革开放以来我国教育扶贫政策的历史变迁

改革开放以来，我国教育扶贫政策以社会主义建设为背景，深受国家主导与环境变迁、国家能力与观念认知、行动者与关键节点等因素影响，以实现社会公平为价值追求，经历了三个重要历史发展阶段。

（一）以解决温饱为主，着重教育普及阶段（1979—1995 年）

改革开放初期，解决人民群众的温饱问题是党和国家关注的首要任务，提高广大农村地区的生产力成为反贫困事业的主旋律，而导致贫困现象广泛存在的原因正是农村贫困地区人口素质的低下与学校教育发展的落后。有数据统计，在当时，全国平均每 10 万人拥有教员 956 人，而贫困地区仅为 500 人左右；全国人口平均文盲比约为 25%，而个别贫困地区则高达50%①。基于社会现实，社会的贫困问题不断被党和国家关注，成为政策热点问题，国家致力于通过政策来解决实际贫困问题。此时，学校教育贫困问题集中体现在农村地区适龄儿童“没学上”的问题，为解决这个问题，我国实施了扫除青壮年文盲、保障义务教育、普

① 付民．中国政府消除贫困行为 [M]. 武汉：湖北科学技术出版社，1996：36.

及基础教育等具体教育扶贫政策和行动，主要面向广大的贫困群体入学难、教育普及难等实际困难促进学校教育尤其是基础教育、义务教育的普及，力求让更多贫困人口能有学可上。

此阶段具体实施的政策有：1984 年，中共中央、国务院印发了《关于帮助贫困地区尽快改变面貌的通知》，提出要重视贫困地区的教育问题，增加智力投资，有计划地发展和普及初等教育，主要发展农业职业教育，这也是我国政府文件中第一次明确提出“教育扶贫”[①]，“教育扶贫”概念首次在国家政策文件中出现；1988 年 2 月，国务院颁布《扫除文盲工作条例》，从操作层面对扫除青壮年文盲、提升人民的文化素质提出了具体要求；1994 年，国务院印发了《国家八七扶贫攻坚计划（1994—2000 年）》，成为全国扶贫开发工作的纲领性文件，明确规划利用未来七年时间，聚集各方力量，在教育扶贫领域把工作重心放在推进贫困地区教育改革、基本普及初等教育、积极扫除青壮年文盲上；1995 年，国务院启动“国家贫困地区义务教育工程”，启动并加强专项资金重点投入《国家八七扶贫攻坚计划（1994—2000 年）》中所确定的贫困县义务教育阶段的基础设施建设。

（二）以补偿贫困群体为主，追求教育质量阶段（1996—2010 年）

随着我国社会主义建设事业的深入发展，社会经济条件的不断进步，除少数特困地区人口以外，“全国农村人口的温饱问题于 2000 年左右已基本得以解决”[②]。各级各类学校教育普及化程度大大提高，极大地助力

① 袁利平，张欣鑫．教育扶贫何以可能：多学科视角下的教育扶贫及其实现 [J]. 教育与经济，2018（5）：30-39.

② 国务院关于印发中国农村扶贫开发纲要（2001—2010 年）的通知 [EB/OL].（2001-06-13）[2019-03-26].http://www.gov.cn/zhengce/content/2016-09/23/content_5111138.htm.

了脱贫成果的落实，在基本满足“有学上”的需要之后，贫困群体对学校教育的需求开始转向“上好学”，我国的扶贫工作也逐渐脱离以“生存”为基本保障的阶段，步入关注“发展”质量的内涵式阶段。教育扶贫的功能越来越多地受到党和国家的重视，教育普及化程度的提高使更多的人有了受教育的机会，教育公平的呼声此起彼伏，追求教育质量的发展价值取向牢固地树立了起来。这一历史时期的教育扶贫政策集中针对农村地区的薄弱环节进行补偿式教育改革，努力提高农村地区基础教育质量，保障适龄儿童的受教育权利，扩大高等教育规模，发展成人教育与职业教育等多种教育形式，通过系统的学校教育提高贫困人口的受教育水平。为了教育资源的分配体现公平的价值取向，不断向贫困地区和困难群体倾斜，促进教育程度的均衡化发展。

此阶段具体实施的政策：1996 年，中共中央、国务院发布了《关于尽快解决农村贫困人口温饱问题的决定》，提出要认真抓好科教扶贫，要把扶贫开发转移到依靠科技进步、提高农民素质的轨道上来，在扶贫开发的内涵上进一步拓展了教育扶贫的功能；2003 年，国务院发布了《关于进一步加强农村教育工作的决定》，强调了农村教育工作在我国教育事业中有举足轻重的地位，强调了巩固基础教育和发展职业教育的重要性，深化教育教学改革和课程改革、提高师资队伍素质、全面提高学校管理水平等关乎基础教育质量的条规也被列入其中；2004 年，国务院批转了教育部《2003—2007 年教育振兴行动计划》，该文件明确提出要加快农村教育发展，持续深入农村教育改革，从实现“两基”转化为提高成果、巩固质量，并提出两项切实可行的措施：加快教师队伍建设及在贫困地区实施远程计划，促进优质教育资源共享；2005 年，国务院转发了财政部、教育部《关于加快国家扶贫开发工作重点县“两免一补”实施步伐有关工作意见》，为义务教育阶段的贫困家庭学生带来了经济上的资助，对防止贫困地区儿童“因贫失学”和提高贫困人口的受教育程度起到一定的作用；从2006年起，国务院扶贫开发领导小组办公室（现为国家乡村振兴局）面向贫困地区实施了“雨露计划”。该计划的扶持对象由基础教育学龄阶段的青少年和职业教育适龄青年拓展到扶贫工作建档立卡的青壮年农民（16～45岁），面向成人的教育也开始逐渐被纳入教育扶贫工作行列。

（三）以根除贫困为主，探求精准扶贫阶段（2011年至今）

随着脱贫攻坚不断深入到新阶段，贫困问题越来越呈现为难以治理的顽疾，贫困人口集中在偏远贫困地区，呈现出分散化和碎片化特征，加之经济发展“涓滴效益”递减，以区域发展带动减贫的效果下降，减贫成本逐渐增加[①]，这种扶贫新问题对扶贫政策提出了新的要求。2013年，习近平总书记在湖南湘西考察时，首次提出“精准扶贫”，强调扶贫开发贵在精准、重在精准，成败之举在于精准，“精准扶贫”成为新时代我国教育扶贫工作的重要内容。同时，该阶段对普及学前教育和高中教育作出了新的任务规划：在政策内容上，更加体现出对特困地区的资源倾斜和政策优惠；在政策理念上，体现出以精准促进巩固的特点。

此阶段具体实施的政策有：2010年，中共中央、国务院基于未来十年的教育发展发布了《国家中长期教育改革和发展规划纲要（2010—2020年）》（以下简称《纲要》），提出了促进教育公平的根本措施是合理配置教育资源，优先向农村地区、边远贫困地区和民族地区倾斜，加快缩短教育差距，具体举措包括设立支持地方高等教育专项资金，实施中西部高等教育振兴计划，实施特岗计划，鼓励高校毕业生到边远地区工作等；2012年，教育部、国家发改委、财政部、人力资源社会保障部、

① 汪三贵，殷浩栋，王瑜．中国扶贫开发的实践、挑战与政策展望[J]．华南师范大学学报（社会科学版），2017（4）：18-25，189.

国务院扶贫办（现为国家乡村振兴局）联合发布了《关于实施面向贫困地区定向招生专项计划的通知》，明确要求把集中连片特殊困难地区作为我国打赢脱贫攻坚的主战场，提高其发展能力，缩小发展差距，加大高校对农村，特别是贫困地区的定向招生力度，在政策层面体现了对特殊困难地区的政策优惠；在精准聚焦扶贫对象层面，2013 年 9 月，国务院转发了教育部、财政部、国务院扶贫办（现为国家乡村振兴局）等七部委共同制定的《关于实施教育扶贫工程的意见》（以下简称《意见》），作为我国一项专门的教育扶贫政策，《意见》明确指出实施教育扶贫工程的范围为《纲要》所确定的连片特困脱贫攻坚地区；2015 年 11 月，中共中央政治局召开会议并通过了《关于打赢脱贫攻坚战的决定》，强调把精准扶贫、精准脱贫作为基本战略方针，并提出要加强教育脱贫，实施教育扶贫工程；2018 年 1 月，教育部、国务院扶贫办（现为国家乡村振兴局）联合印发了《深度贫困地区教育脱贫攻坚实施方案（2018—2020 年）》，要求进一步聚焦深度贫困地区教育扶贫，确保深度贫困地区如期完成“发展教育脱贫一批”任务，再次赋予教育扶贫“阻断贫困代际传递”的使命，明晰了教育扶贫在我国扶贫工作体系中的基础性和根基性作用。

总之，改革开放 40 多年来，我国的教育扶贫政策在社会主义事业建设的宏观历史背景下，不断发展和丰富，已形成较完备的政策体系。从整体上看，我国现有的教育扶贫政策体系以促进社会公平正义为导向，各个层级的学校教育均有较为完备的政策指向，基于教育精准扶贫实施的背景和要求，教育扶贫政策所涉及的政策对象在不断具体化、精准化，如“三区三州”[①] 等深度贫困地区和特殊贫困问题成为政策集中施力

① “三区三州”是国家层面的深度贫困地区。三区指的是西藏自治区和青海、四川、甘肃、云南四省藏区以及南疆的和田地区、阿克苏地区、喀什地区、克孜勒苏柯尔克孜自治州地区。三州指的是四川凉山州、云南怒江州、甘肃临夏州。

的对象。面对2020年即将完成脱贫验收的历史节点，验收完成之后如何持续让教育扶贫发力，促进扶贫对象可持续发展成为政策关注的焦点。在全面深化改革、全面脱贫攻坚、全面建成小康社会的新背景下，把握好新的历史关键节点，加快完善多元主体协同体系，加强教育扶贫供给侧改革，促进正式与非正式制度的融合，突破原有路径依赖，实现新的制度均衡，是教育扶贫政策转型的必由之路①。

二、贵州省教育扶贫政策的实施背景

（一）将教育扶贫作为扶贫先导战略

贵州省作为西部欠发达省份，贫困面积大，少数民族聚居范围广，致使其贫困问题复杂，脱贫攻坚面临着较重的任务，难度很大。近年来，贵州省深入落实国家精准扶贫战略，结合社会实际，不断开创旅游扶贫、科技扶贫、产业扶贫等多种扶贫途径，全省扶贫工作以“守底线、走新路、奔小康”为总纲，自上而下实施了深入推进“大扶贫”的战略行动，确保在2020年顺利与全国同步脱贫，进入小康。

在教育扶贫领域，贵州省认真贯彻实施党和国家的教育精准扶贫政策，多渠道对贫困学生进行精准资助，帮扶贫困学生顺利完成学业，保障其有学可上。教育扶贫作为阻断贫困代际传递的治本之策，贵州省投入了巨大的成本对贫困生进行帮扶，已经基本完成了能上学的目标，更

① 姚松，曹远航.70年来中国教育扶贫政策的历史变迁与未来展望：基于历史制度主义的分析视角[J].教育与经济，2019（4）：12-18.

致力于让贫困生上好学，为贫困生提供优质教育资源。教育领域用足、用好了中央政策，可以使中小学教育自身得到快速发展，也充分发挥了教育促进社会、经济发展的功能，教育精准扶贫在贵州省大扶贫战略中扮演着重要角色。面对贵州教育发展起点低、资源相对短缺、发展任务重的困境，贵州省各级政府始终将教育扶贫视为扶贫战略行动中的先导战略，通过持续投入、精准施策等手段不断提高教育扶贫的质量和水平。

（二）形成教育扶贫助困政策体系

贵州省近年来大力实施各项教育扶贫政策，举全省之力推动各项教育扶贫战略行动，政策内容涵盖贫困学生资助、学生营养餐改善计划、校舍危房改造、农村贫困家庭学子专项招生计划、乡村教师培训、专门的贫困女童上学资助以及农民职业技能培训等多个方面，政策范围涉及高等教育、基础教育、职业教育、继续教育等相关领域。这一系列针对性强的教育扶贫政策，都是精准地将政策惠及贵州省贫困地区的贫困群体，通过系统的教育扶贫政策让帮扶政策对象克服制约其接受学校教育的经济条件，旨在保障贫困学生的受教育权利和提升贫困家庭及群众的人力资本水平，围绕不同层次的学校教育的相关问题进行了相关的扶贫政策制定和制度设计。

贵州省的教育扶贫政策体系由政府行政作为主导力量，自上而下层层落实，保障政策目标顺利实现。从政策体系的执行内容来看，以强化学校教育资源投入为基本条件，不断促进学校教育的内涵发展，既追求规模和数量的增长，也强调自身结构的调整和优化。作为西部欠发达省份，贵州省坚决贯彻落实国家政策，用好、用足了中央的教育扶贫政策，在中央和国家各部委的支持下，其加强各级各类学校的教育扶贫经费统筹，并将经费的安排和使用向集中贫困、连片特困的地区倾斜。在中小学师资方面，充分实施了特岗教师以及在岗教师培训等政策，精准地充实和提高了广大贫困农村地区基础教育的师资水平，有效提升了现有师资的专业能力和水平，地区教育均衡化发展程度大幅提高。

为了充分发挥扶贫扶志扶智的重要功能，探索贵州独特的扶志扶智路径，贵州省委、省政府在 2018 年启动扶智扶志“双扶”活动年，通过扶智扶志致力于激发贫困群众脱贫致富的内生动力，弘扬勤劳致富、自力更生、艰苦奋斗、的传统美德。贵州省教育厅明确提出“1+6”的教育脱贫攻坚工作任务、工作目标、工作方法和工作时限，以控辍保学为核心指标，做好经费到位、学生资助、易地扶贫搬迁学校建设、东西部对口帮扶、教师队伍建设、校园安全稳定六项教育保障。

（三）易地扶贫搬迁成效卓越

为彻底阻断贫困，顺利完成脱贫攻坚任务，贵州省实施了卓有成效的易地扶贫搬迁安置工程，具有积极的扶贫成效，同时具备了丰富的典型经验。根据相关数据统计，贵州省于 2019 年全面完成了 188 万人易地扶贫搬迁任务，从根本上改变了居住在“一方水土养不起一方人”地方贫困的命运；减少农村贫困人口 124 万人，贫困发生率下降到 0.85%，为彻底撕掉贫困标签、夺取全面胜利奠定了坚实基础。[①] 如何巩固这个扶贫成果，促进扶贫不断深化，正在成为贵州省政策制定的重要着眼点和关注点。

作为从根本上阻断贫困的创举，易地扶贫搬迁在贵州省具有显著的规模效应，其具体做法和成效在国内也具有较强的典型性。易地扶贫搬迁安置的后续扶持成为政府关注的重点。充分发挥教育扶贫的功能，使搬迁群众能住下来，贫困学子能够上好学，是现阶段重要的教育需求。

① 2020 年贵州省政府工作报告（全文）[EB/OL].[2020-03-03].https：//baijiahao.baidu.com/s？ id=1660004245388306870&wfr=spider&for=pc.

第三章　扶志扶智教育政策分析维度的构建——基于 31 份政策文本的内容分析

构建扶志扶智教育政策分析维度是后期调查研究得以顺利开展的必要条件，也是明晰已有政策体系内容形成有效建议的重要前提。本章将在扶志扶智相关理论的指导下，结合扶志扶智政策的特殊性，基于内容分析法，建立贵州省扶志扶智教育政策分析维度和体系，为本课题的后续研究问题提出和论证提供科学合理的测度标准。

一、样本的选择和确定

（一）政策样本的选择

扶志扶智教育政策文本是指国家机关、政党及其他相关机构在一定时期内形成的体现中小学贫困生扶志扶智工作目标和要求的规范性文件，现分散存在于各级人民政府机关制定的各类教育政策文本之中。为确保对扶志扶智教育政策内容进行全面搜集和整理，围绕课题选题与内容，本研究以“扶志”“扶智”“教育扶贫”“中小学贫困生”为关键词搜集了国家和贵州省相关的政策文本，作为政策样本，从而进行政策文本的内容分析。

政策样本的选择，本着能够全面准确地掌握现有政策文本内容的目的，在搜集和整理政策样本时，主要遵循以下原则：

第一，全面性原则。在进行样本取样时力求全面掌握扶志扶智教育政策发展和演进的全貌，将抽取政策样本的时间确定为 2000 年至 2019 年，包括其间国家、省、市（自治区）政府以及地区级市政府出台的政策文件，具体有：全国人民代表大会常务委员会颁布的法规、制度，国务院、教育部出台的关于教育扶贫的意见、决定以及其他规范性文件，省级政府及其直属部门（如扶贫办、教育厅、资助办）制定的地区教育扶贫规划、实施办法等政策文件，市级政府及其相关直属部门制定的细化文件。

第二，权威性原则。扶志扶智教育政策涉及实践问题解决的多个方面、多个层次，本研究试图将其系统搜集，以确保分析维度确立的权威性。本课题在贵州省学生资助管理办公室的大力支持下，搜集了贵州省的资助政策和制度。此外，通过政府部门政务信息公开网进行搜集，搜索时确保文件的标题、发文机关、文件编号、发文时间等信息明确、完整。

第三，系统性原则。在实际的政策运行过程中，不同政策制定部门针对实际存在的突出问题，制定出时效性较强的政策文本，这些分散存在的政策文本需要从系统的角度去整合、分析研究。政策体系之所以成为体系，是因为政策本身具有系统性，政策文本也有通用性和关联性的特点，如与本课题相关的扶志扶智教育政策与教育扶贫、资助领域的政策多有交叉重叠之处，或多或少地分散存在于各项教育扶贫政策文本之中。本课题需要将零碎的政策内容进行系统的整理和归纳。

（二）政策样本选择的步骤

对于政策样本的选择，主要通过以下步骤进行：

首先，确定搜集内容。紧紧围绕本课题研究的主题和范围，确定搜集政策文本所用的关键词。主要以“扶志扶智”“扶志”“扶智”“教育扶贫”“教育政策”“中小学贫困生”等与中小学贫困生扶志扶智教育政策相关的关键词进行检索。

其次，确定搜集的渠道和途径。本课题所涉及的政策文本均属于政府部门向社会公开的数据资料。这些资料的具体来源：一是党和国家、中央政府部门（如扶贫办、教育部等部委）的政务公开信息网；二是省、市级政府部门，尤其是贵州省委、省政府、省扶贫办、省教育厅以及人力资源和社会保障厅等省级政务公开信息网；三是充分利用网络数据库资源，如中国知网“法律法规”“政策文件”进行政策补充。

再次，整理政策文件。经过上述各种途径搜集到了大量政策文本，为了进一步使所选政策文本具有代表性和准确性，势必要对这些政策文本进行整理和筛选。根据本课题所选取的研究主题的特点，结合加强贵州省实际问题针对性的特点，对搜集到的全部政策文本进行筛选，剔除了和本研究主题无关的政策样本，保留了相关的政策样本，最终形成了扶志扶智教育政策样本数据库。

最后，经过上述步骤，本课题最终共搜集整理了政策文本 31 份，形成了扶志扶智政策文本数据库，其中包括政策 21 份，贵州省政策 10 份。将 31 份政策文本按照公布或施行的时间进行排序，并且进行编号，形成了扶志扶智政策文本数据库。具体见表 3–1。

表 3–1　扶志扶智教育政策文本汇总表

编号	时间	级别	发文机构	政策文件
1	1985–05–27	国家	中共中央	中共中央关于教育体制改革的决定
2	1994–04	国家	国务院	国家八七扶贫攻坚计划（1994—2000 年）
3	1999–06–13	国家	中共中央、国务院	关于深化教育改革，全面推进素质教育的决定
4	2001–05–29	国家	国务院	国务院关于基础教育改革与发展的决定
5	2001–06–13	国家	国务院	中国农村扶贫开发纲要（2001—2010 年）
6	2003–09–17	国家	国务院	关于进一步加强农村教育工作的决定

续表

编号	时间	级别	发文机构	政策文件
7	2003-09-17	国家	国务院办公厅转发教育部等部门	关于开展经常性助学活动的意见
8	2004-02-16	国家	国务院办公厅转发教育部等部门	国家西部地区“两基“攻坚计划（2004—2007年）
9	2004-06-12	国家	教育部、财政部、人民银行、银行业监督管理委员会	关于进一步完善国家助学贷款工作的若干意见
10	2005-02-18	国家	国务院办公厅（转发财政部教育部）	关于加快国家扶贫开发工作重点县“两免一补”实施步伐有关工作的意见
11	2012-09-05	国家	国务院	关于深入推进义务教育均衡发展的意见
12	2013-07-29	国家	国务院办公厅（转发教育部等部门）	关于实施教育扶贫工程的意见
13	2014-12-15	国家	国务院办公厅	国家贫困地区儿童发展规划（2014—2020年）
14	2015-06-01	国家	国务院办公厅	乡村教师支持计划（2015—2020年）
15	2015-11-27	贵州省	贵州省教育厅等四部门	关于建立省教育精准扶贫学生资助工作联席会议制度的通知
16	2015-11-12	贵州省	贵州省委办公厅、省政府办公厅	关于进一步加强农村贫困学生资助推进教育精准扶贫的实施方案
17	2016-02-19	贵州省	贵州省教育厅	贵州省教育精准脱贫规划方案（2016—2020年）
18	2016-05-11	国家	国务院	关于加快中西部教育发展的指导意见
19	2016-07-11	国家	国务院	关于统筹推进县域内城乡义务教育一体化改革发展的若干意见
20	2016-10-21	贵州省	贵州省教育厅	关于进一步做好教育精准扶贫学生资助工作的通知

续表

编号	时间	级别	发文机构	政策文件
21	2016-12-16	国家	教育部等六部门	教育脱贫攻坚“十三五”规划
22	2017-01-10	国家	国务院	国家教育事业发展“十三五”规划
23	2017-05-08	贵州省	贵州省教育厅等四部门	贵州教育精准扶贫学生资助实施办法
24	2017-09-05	国家	国务院办公厅	关于进一步加强控辍保学　提高义务教育巩固水平的通知
25	2018-01-15	国家	教育部、国务院扶贫办（现为国家乡村振兴局）	深度贫困地区教育脱贫攻坚实施方案（2018—2020 年）
26	2018-03-06	贵州省	学生资助管理办公室	贵州省学生资助和营养改善计划 2017 年工作总结和 2018 年工作要点
27	2018-03-09	贵州省	贵州省教育厅	关于贯彻落实脱贫攻坚春风行动令　深化实施营养改善计划和学生资助工作的通知
28	2018-05-23	贵州省	贵州省教育厅	关于实施贵州省教育精准脱贫“1+N”计划的通知
29	2018-10-29	国家	国务院扶贫办（现为国家乡村振兴局）等部门	关于开展扶贫扶志行动的意见
30	2019-07-09	贵州省	贵州省委、省政府	贵州省 2019 年脱贫攻坚夏秋决战行动令
31	2019-07-29	贵州省	贵州省教育厅	关于深入贯彻落实省委省政府 2019 年脱贫攻坚夏秋决战行动令　坚决打好教育脱贫攻坚战的通知

二、分析工具和编码过程

将 31 份政策文件组成的政策文本导入质性数据分析 NVIVO 11.0 软件，借鉴并应用扎根理论对质性资料分析的编码方法，对所选政策文本进行内容梳理和文本编码。

具体编码的方式和程序主要有两种：其一是自由节点，首先对政策文本通过阅读，整理信息，进行开放式编码，形成若干子节点后进行整合；其二是树状节点，在形成一级节点的基础上，根据研究主题对节点进行编码，形成研究分析教育政策的基本框架。本研究综合采用了以上两种方法，具体编码过程如下。

第一，统一格式，导入资料。将搜集到的 31 份政策文本资料的格式进行统一，根据产生和执行的具体时间先后进行编号，并依次导入 NVIVO 11.0 软件中，形成资料库。

第二，通读录入软件中的政策文本资料，按照扎根理论方法和要求，对导入的文本资料进行质性分析，并确定各级节点。例如，在开放编码阶段，通过对文本资料的阅读分析，将文献内容中“以职业教育为突破，着力加强贫困家庭学生技术技能教育和培训，带动贫困家庭脱贫致富，实现‘职教一人、就业一个、脱贫一家’”部分标记为“职业教育”子节点，并归到一级节点“实施范围”之中。

第三，完成一级节点之后，对各一级节点中的内容进行仔细研读，然后根据实际情况进行相应的改动和删补。对各节点之间的具有普遍性的规律和特点进行深入挖掘，思考其内容的逻辑性，发现其内在规律，并最终形成合理的分析框架。

三、分析结果与讨论

（一）关键词频统计

通过质性资料的内容分析法在对原文本内容进行编码之后，主要采用频次分析、语义强度、空间频数等具体方法深入研究其中的联系与本质规律。究其原理，有人认为文字频率的变化反映了人们对事物关注程度的变化[①]。用关键词词频的提取和统计的方法可以从大量的文本内容中提取出频次多的实词，进而简化庞杂的文本内容，帮助分析和提炼政策文本的核心内容。

据有关研究，政策文本中频繁出现的与政策核心内容相关的关键词可作为反映该政策主题的核心关键词[②]。因此，本研究首先将所有的政策文本导入 NVIVO 11.0 软件中进行分词处理和词频统计，选取高于 5% 的词汇建立高频词数据库。如图 3–1 所示。

① WHORF B L, CARROLL J B, LEVINSON S C .Language, Thought, and Reality: Selected Writings of Benjamin Lee Whorf[M].Cambridge, MA: The MIT Press, 2012.

② 黄萃，赵培强，李江 . 基于共词分析的中国科技创新政策变迁量化分析 [J]. 中国行政管理，2015（9）：115–122.

图 3-1　高频词分析词云

其次，根据本课题的研究主题和范围，对软件筛选出的所有关键词进行统计和词义分析，采用虚词研判、主观判断、专家咨询等方法进一步筛选核心关键词，去掉与本研究无关的无效词语，最后结合教育政策分析的相关理论，选取与本研究相关的关键词作为内容分析的核心关键词，形成关键词统计表，见表 3-2。

表 3-2　关键词统计表

词语	频数	词语	频数	词语	频数	词语	频数	词语	频数
教育	2762	计划	844	制度	617	保障	379	高校	304
工作	1847	提高	786	建立	586	问题	360	开展	296
学校	1218	职业	745	资助	562	推进	347	完善	294
地区	1195	实施	743	社会	558	资源	331	机制	290
管理	1081	农村	726	建设	543	政策	327	全面	285
学生	1063	教师	722	支持	531	义务教育	321	改革	281
发展	1035	扶贫	696	责任	478	教学	319	条件	270
加强	981	水平	687	部门	428	落实	316	乡村	261
实行	882	实现	678	服务	384	资金	316	培训	261
贫困	872	国家	643	家庭	382	脱贫	304	学习	249

筛选出高频词后，对所有的高频词进行聚类分析。聚类分析可以将属性相近的关键词进行归类，使研究问题的分析维度更加凝练。高频词聚类分析结果如图 3-2 所示。

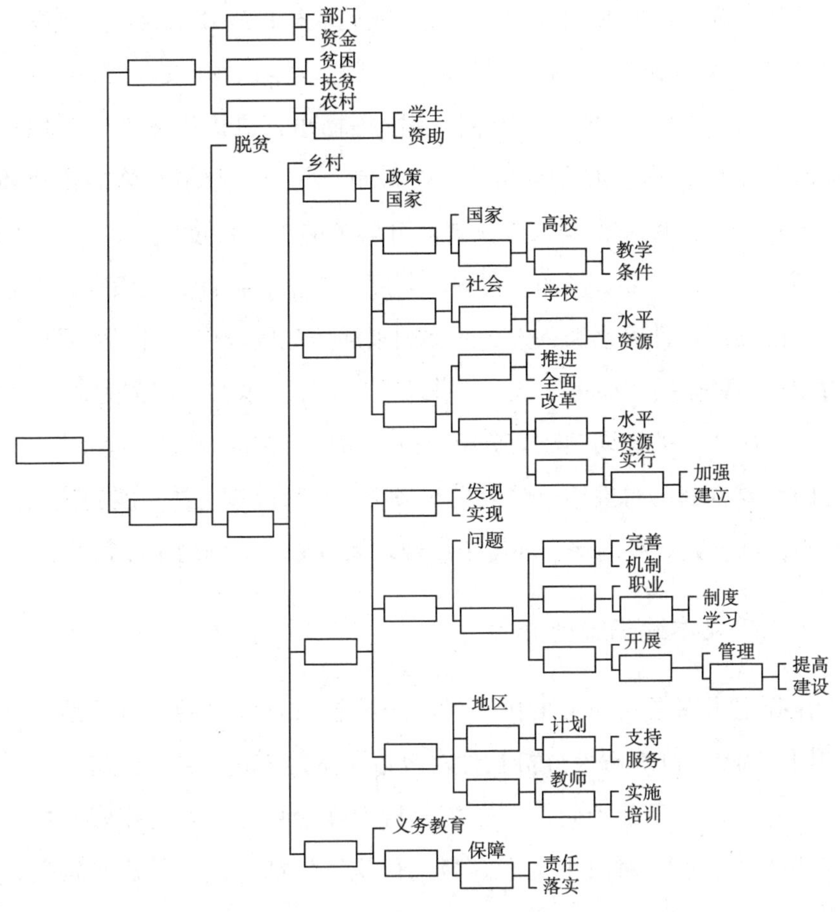

图 3-2　高频词聚类分析

综合聚类分析的结果，可以看出，现有政策文本在表述方面集中体现在以下方面：

第一，政策主体。例如，国家、高校、教师、学生、学校等词语，集中表现为政策所涉及的主体。

第二，政策范围。例如，农村、家庭、社会、乡村、义务教育、地区等，教育扶贫政策实施的明确范围。其中，教师培养与支持服务构成了教师的关注维度，政策执行依赖专业化的教师队伍，因而师资建设水平是扶志扶智教育政策的重要维度，也是政策实施取得良好效果的重要支撑。

第三，执行机制。例如，完善、机制、学习、开展、管理、提高、建设、加强、建立、推进、改革、保障等词语，具体描述如何利用资源开展政策执行工作。加强与完善工作机制，是影响政策实施的各个环节高效开展的重要保障也是扶志扶智教育政策的重要维度。

第四，政策环境。例如，资源、制度、资金、条件、政策等政策有效实施所依赖的各种因素和条件。此类因素涵盖范围较广，可以对具体政策行为进行抽象概括，如将“部门”“资金”“贫困”“扶贫”归类为资源配置。

综上所述，关键词频数的分析可以从纷繁复杂的政策文本简化出政策表述的重要方面，对规范的政策文本来说，明晰政策主体、实施范围、执行机制，以及充分利用政策环境来实现政策目标，达到制定政策的意图。

（二）文本编码统计

在确定本课题所研究的中小学扶志扶智教育政策的关键词后，本研究利用 NVIVO 11.0 质性分析软件对政策文本内容进行统计整理。

首先，以形成若干研究问题的分析维度为目标，努力探索其内在具有规律的树节点，对政策文本内容进行反复仔细研读，并逐级编码，进而形成若干子节点。

其次，结合教育政策分析的相关理论，将中小学扶志扶智教育政策文本的分析单元进行整理归类，对子节点进行分析，使其有效支撑树节点，由此逐渐形成由“参考点”到“子节点”再到“树节点”的编码层级。

最后，在整理节点的基础上，去除歧义和重复的词频，分析内容之间的内在联系，构建分析类目。至此，已将所有的政策文本内容参考点进行了筛选和概括归类，自下而上所形成的各级节点本质上为从属关系，政策文本的最原始信息作为三级节点位于从属关系的最底层。

将所有子节点根据所支撑的内容进行归类，形成明确的分析维度。以政策文本数据库中31份政策文本为材料来源，具体子节点统计见表3-3。

表3-3 子节点统计表

子节点	材料来源	参考点	子节点	材料来源	参考点
“两基”攻坚	2	2	普及九年义务教育	2	2
办学质量提升	2	3	温饱问题	2	4
大班额	2	2	基础教育优先发展	1	2
改善办学条件	4	5	控辍保学	4	4
均衡发展	3	4	贫困人口受教育程度	1	1
普通高中教育	1	1	素质教育	2	2
贫困地区	2	3	职业教育	6	7
西部地区	2	2	成人教育	2	3
农村教育	3	3	家庭教育	1	1
德育	3	4	美育	1	1
扶志	1	2	体育	2	2
扶智	1	1	智育	1	1
教育精准扶贫	8	8	助学金制度	4	4
劳动教育	1	1	资助政策	9	11
两免一补	2	3	资源配置	8	9
支援协作	7	7	推普脱贫攻坚	2	2
寄宿制	3	3	学校布局调整	1	2
减免费用	2	2	营养改善	3	5
助学关爱活动	6	7	教育科研	1	1
社会力量办学	2	2	教育信息化	7	7
特殊困难群体关爱	2	4	课程体系改革	1	1
师资建设	10	11	校农结合	2	2

（三）节点的确立与构成

将形成的所有子节点按照相似性进行聚类分析，可以将相近的子节点进行归类，方便由复杂到精简，得出更为清晰的二级节点。子节点聚类分析如图 3-3 所示。

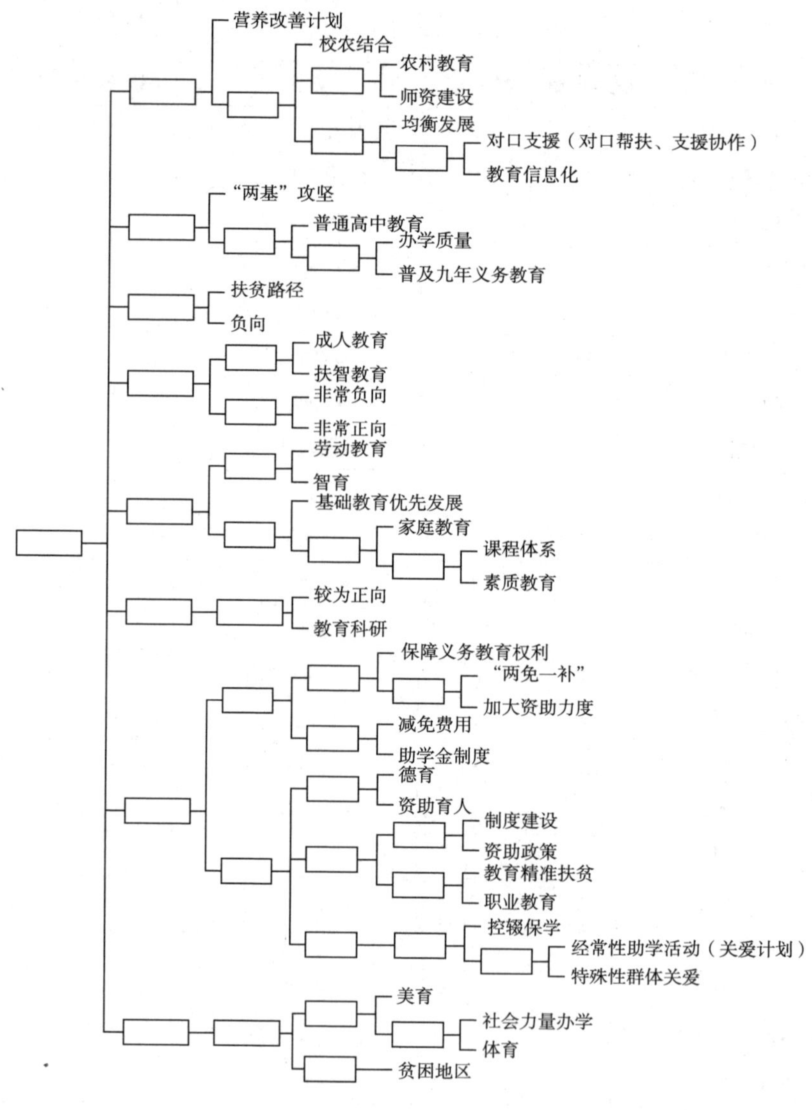

图 3-3　子节点聚类分析

（四）分析类目的构建

内容分析法中类目是指对文本内容的分类，构成了内容分析的基本单元，也构成了对分析单元归类的具体标准。分析类目构建的目的是对研究内容进行细化分类，从而建立类目体系对政策文本进行量化分析①。

通过开放性编码、节点统计和聚类分析，可以全面呈现现有政策文本的关注热点。经过仔细分类，归纳形成以下二级节点。

1. 政策目标

政策目标具有历史性特征，随着不同时期的社会历史条件和教育发展情况不同，有不同的政策目标体现，常体现在政策的教育规划和行动计划中。从政策文本数据库中政策文本分布的时间来看，自 1985 年 5 月 27 日中共中央发布《中共中央关于教育体制改革的决定》之后，关于扶志扶智教育政策的文本数量逐渐增多，且更加系统化。早期的政策目标集中体现在“解决温饱问题”“普及九年义务教育”“贫困人口受教育程度”“‘两基’攻坚”等教育发展目标，随着教育现代化进程的加快，政策目标开始向教育公平、质量转变，如“均衡发展”“控辍保学”“办学质量提升”“大班额”，表明我国教育发展由注重普及的规范发展阶段迈向了关注公平、质量的阶段，教育事业整体发展水平大幅提升。节点统计见表 3-4。

① WIMMER R D, DOMINICK J R. Mass Media Research: An Introduction[M].Boston: Wadsworth Publishing, 2003: 16.

表 3-4　节点统计表

分析维度	子节点	材料来源	参考点
政策目标	“两基”攻坚	2	2
	办学质量提升	2	3
	大班额	2	2
	改善办学条件	4	5
	均衡发展	3	4
	普及高中教育	1	1
	普及九年义务教育	2	2
	温饱问题	2	4
	基础教育优先发展	1	2
	控辍保学	4	4
	贫困人口受教育程度	1	1
	素质教育	2	2

2. 政策受体范围

此类节点集中体现为政策实施的范围或区域，自教育扶贫政策实施以来，西部地区、农村、贫困地区成为主要政策实施区域。政策实施依据教育公平的弱势补偿原则，将政策施力范围集中于经济欠发达或偏远地区，集中各种资源对其进行脱贫攻坚。从教育类型来看，扶贫政策较多关注职业教育，突出利用职业教育的发展向贫困地区、贫困家庭普及生产生活和就业致富技能，不断扩大教育覆盖范围，强调教育的丰富内涵，加强在职继续教育、成人教育以及家校合作，努力提升在职人员受教育水平，进而提高终身教育的质量。具体来看，有以下分类。

（1）对象分布区域：西部地区、农村地区、贫困地区等，其中已有政策文本表述中对象的分布区域有交叉。

（2）教育类型：职业教育、成人教育、家庭教育等，其中已有政策文本表述中教育的类型有交叉。

从中小学贫困生被扶助的范围来看，主要对“贫困地区”“西部地区”“农村地区”的贫困生进行扶助。节点分布如表 3-5 所示。

表 3-5　节点统计表

分析维度	子节点	材料来源	参考点
实施范围	贫困地区	2	3
	西部地区	2	2
	农村地区	3	3
教育类型	职业教育	6	7
	成人教育	2	3
	家庭教育	1	1

3. 政策内容

此部分政策文本通过具体的扶贫制度建立和活动组织实施达到具体的政策目标。从扶助途径来看，扶贫模式开始向教育精准扶贫转变，贫困生资助政策成功落地，助学金制度不断完善；从扶助的教育内容来看，不断涵盖并充实德育、智育、体育、美育和劳动技术教育，促进教育进一步向内涵式发展转变，并追求学生的全面发展；从扶助的形式来看，党的十九大以来强调对贫困生的扶志和扶智，“志智双扶”是教育扶贫政策的重要内容。归纳其中的分类为以下几种：

（1）扶助途径：教育精准扶贫、资助政策、助学金制度等。

（2）扶助内容：德育、智育、体育、美育、劳动教育等。

（3）扶助形式：扶志、扶智等。

节点统计见表 3–6。

表 3–6　节点统计表

分析维度	子节点	材料来源	参考点
政策内容	德育	3	4
	扶志	1	2
	扶智	1	1
	教育精准扶贫	8	8
	劳动教育	1	1
	美育	1	1
	体育	2	2
	智育	1	1
	助学金制度	4	4
	资助政策	9	11

4. 执行路径

此类子节点从不同角度体现政策执行的路径，体现为政策文本中强调的各种执行措施和活动计划。主要有以下细化分类。

（1）资源配置：学校布局调整、营养改善、两免一补、社会力量办学等。

（2）环境制度：寄宿制、支援协作、教育信息化等。

（3）机制保障：校农结合、师资建设、教育科研等。

（4）执行措施：特殊困难群体关爱，助学关爱活动，减免费用，课程体系改革，推进脱贫攻坚等。

节点统计见表3-7。

表3-7　节点统计表

分析维度	子节点	材料来源	参考点
执行路径	两免一补	2	3
	支援协作	7	7
	寄宿制	3	3
	减免费用	2	2
	助学关爱活动	6	7
	社会力量办学	2	2
	特殊困难群体关爱	2	4
	师资建设	10	11
	推普脱贫攻坚	2	2
	学校布局调整	1	2
	营养改善	3	5
	教育科研	1	1
	教育信息化	7	7
	课程体系改革	1	1
	校农结合	2	2

（五）信度的检验评估

在构建分析类目的过程中，主要采用质性研究方法，因而对政策文本内容的节点分析均依赖于编码者的主观分析，为避免主观评测的误差，在分析类目产生之后，对其进行信度检验是不可或缺的步骤，也是保证政策文本分析结果可靠的重要指标[①]。

总的来看，政策文本内容分析的信度检验有两种可靠的方式。其一是编码者的信度，即参与编码的同一位编码者在先后重复进行编码的稳定程度；其二是不同编码者之间的信度，也就是指参与编码的不同编码者在对相同内容进行编码时的一致性程度。

本研究参考迈尔斯（Miles）和休伯曼（Huberman）对信度的检验公式[②]，将参与编码的所有编码者均同意的编码种类的数量作为总的编码数，如下公式所示：

$$K = \frac{2C_{1,2}}{C_1 + C_2}$$

其中，K 表示信度系数，C_1、C_2 分别表示两位编码者的编码数，$C_{1,2}$ 表示两位编码者均同意的编码数。在这种检验方法中，计算出的信度系数如果在 0.9 以上被认为具有非常高的信度，如果为 0.8 ～ 0.9 则被认为分析结果是可以接受的。

为了确保分析类目构成的准确性和编码工作的客观性，本研究先后由课题组两位成员分别任编码员 1 和编码员 2，编码员 1 在对 31 份政策文本生成编码 A 之后，编码员 2 再次对相同的资料进行编码，形成编码 B。经过计算编码 A 和编码 B 中相同、相异的编码数量之后，得到信度系数为 0.835。此外，同一位编码员 1 对 31 份政策文本进行再次编码，时间间隔为两周，形成编码 C。将编码 C 和编码 A 进行比较，得到信度系数为 0.86。

两次测算的信度系数均保持在 0.8 ～ 0.9，说明本研究通过内容分析

① 秦酉．内容分析法在我国公共政策研究中的应用评述 [J]．上海市经济管理干部学院学报，2016，14（6）：9-17.

② 迈尔斯，休伯曼．质性资料的分析：方法与实践 [M]．张芬芬，译．重庆：重庆大学出版社，2008.

所确定的类目体系和编码是基本可以被接受的，两次信度系数表明调查问卷对实际问题的提示基本可靠。

（六）分析维度的构建

基于上述对扶志扶智政策进行内容分析确定的基本的类目体系，结合政策分析视角和政策变迁理论的相关理论观点，力争得出科学合理的调查指标体系，对贵州省扶志扶智教育政策实施情况进行科学调研和评估。

1. 政策分析理论和观点

专业化的教育政策分析与一般的教育政策分析相比，在含义上有比较严格的定义，它是教育政策分析的主体，采用专门的分析技术和方法，对教育政策的内容、过程、环境和价值进行判断，从而改进和提升教育政策的一种活动[①]。教育政策分析的主要范式特征体现在以下四个方面：教育政策分析是一个科学性、综合性和应用性的研究领域；教育政策分析既是技术又是艺术；教育政策分析是从问题发现到问题解决的全过程；教育政策分析是描述的，而且也是规范的。教育政策分析的研究路径包括政治学路径、经济学路径、社会心理学路径、马克思主义路径、系统科学路径和现象学路径。[②]

本研究的目的在于政策文本分析，回顾并诠释贵州省扶志扶智教育政策的实践过程。政策分析一般可分为三个维度：第一个维度是研究方法论，具体包括行为研究、价值研究、规范研究和可行性研究。行为研究解答“是什么”的问题，价值研究解答“喜好什么”的问题，规范研究解答“应该是什么”和“应该怎样做”的问题，可行性研究解答“这

① 孙绵涛．专业化教育政策分析探讨[J]．教育研究，2017，38（12）：22-28.

② 周小虎，张蕊．教育政策分析的范式特征及其研究路径[J]．教育理论与实践，2010，30（10）：15-18.

样做是否可以”的问题。第二个维度是政策分析研究的基本内容，包括政策战略、政策模型、政策实施、经济因素、技术因素、政治因素、文化因素、超理性因素、其他政策标准、未来研究和外部效果这些内容。第三个维度是政策分析的工具，分为定量和定性两大类别。从系统的角度来说，政策分析应包含以上三个维度的所有方面，但在实际的政策研究中，以上三个维度的内容并不一定都要涉及。①

教育政策究竟该如何分析？学者以话语制度主义理论为基础，构建出观念、话语和制度的三维教育政策分析框架②，如图3-4所示。从中可以看出，教育政策的全面客观分析离不开分析其话语、观念和制度。但分析维度也因侧重不同也有差异，如国内有学者认为教育政策的分析包括内容分析、过程分析、环境分析和价值分析四个方面③。也有学者将教育政策分析归纳为三个基本方面：价值分析、内容分析和过程分析④。

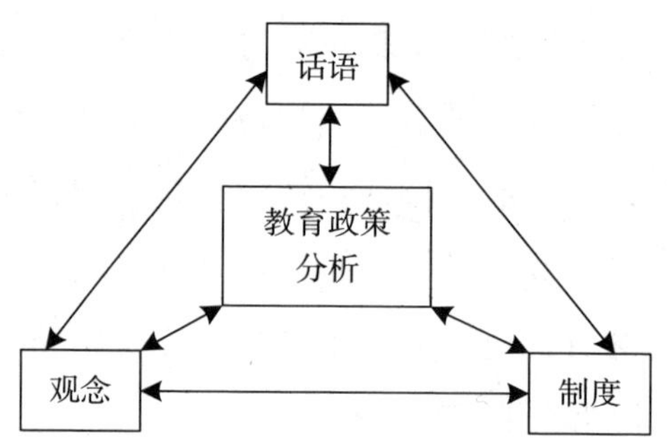

图3-4　三维教育政策分析框架

关于政策执行的变量因素，史密斯（Smith）提出政策执行涉及的四

① 林德金，陈洪，刘珠江．政策研究方法论[M]．延吉：延边大学出版社，1989：30-39.

② 刘东彪，傅树京．观念、话语、制度：一个教育政策分析的三维框架[J]．现代教育管理，2018（2）：29-33.

③ 孙绵涛．专业化教育政策分析探讨[J]．教育研究，2017，38（12）：22-28.

④ 孟卫青．教育政策分析的三维模式[J]．教育科学研究，2008（Z1）：21-23.

个变量因素，即理想化的政策、执行机关、目标群体和环境因素，如图3-5所示。通过对这四个政策执行变量进行分析，即可完成对这一政策执行整体的分析，同时强调，这四个因素并不是孤立的，它们之间存在着一定的联系。通过史密斯模型进行政策执行分析能够尽可能全面地分析政策执行，以了解政策执行实际过程中的问题。①

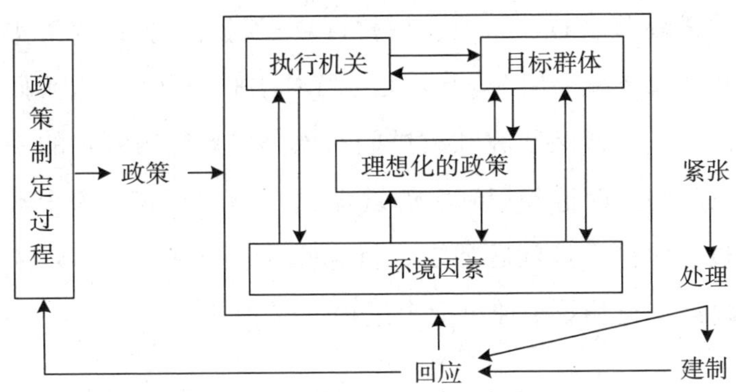

图3-5　史密斯的政策执行过程模型

2. **政策变迁理论**

政策变迁理论认为政策如同人类社会的其他变化一样，是按照其内在规律和逻辑规则不断演进和发展的。政策变迁理论中具有代表性的是以国家机构或官员为中心的国家中心视角，以国家公共利益为出发点，寻求政策制定后通过执行机制、环境制度来保障政策效果，依据历史变迁时序和表现形态，形成了“政策制定—政策执行—政策评估—政策结束或持续”的政策循环理论。

政策变迁理论强调教育政策在总体上会形成一种动态的周期现象②。

① SMITH T B The Policy Implementation Process[J].Policy Sciences，1973，4（2）：197-209.

② 张乐天．论教育政策观念的变革与更新[J].教育发展研究，2002（11）：80-83.

这种周期现象其内涵是指：政策经过制定—执行—评估—监控—终结这几个阶段后形成了一个周期；同时它还表明：新的政策往往不是凭空产生的，它常常是原有政策的延续，是为了适应新情况对原政策加以修改或调整，从而形成政策的一个新周期，实现新老政策的交替循环[①]。

从构成要素来看，教育政策主要包括组织机构、人员、制度和结果等。而从政策环节来看，一般包括教育政策制定、教育政策实施、教育政策管理和教育政策评估等。[②]那格尔（Nagel）指出："政策研究的核心是把政策制定作为政策研究和改进的对象，包括政策制定的一般过程以及具体政策问题上改进政策制定的过程。"[③]一般而言，一个理想的公共政策制定过程包括政策问题界定、目标确立、方案设计、效果预测、方案抉择、政策实施和效果评价七个过程（图 3–6）。[④]

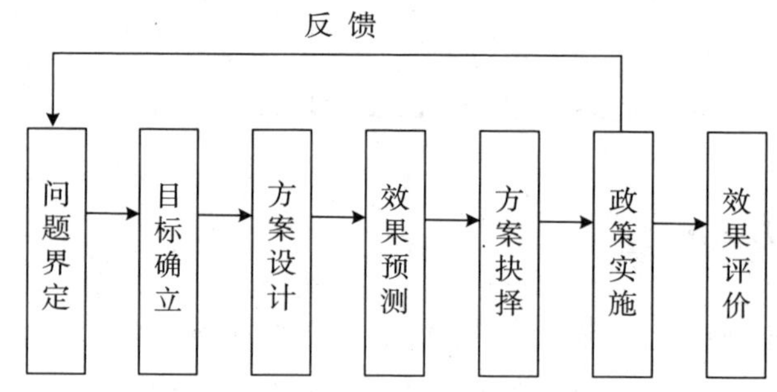

图 3–6　公共政策制定过程示意图

综合上述政策分析理论和政策变迁理论的观点，教育政策的研究不仅包括对政策文本的分析，还包括对教育政策过程实然状态的研究。结合本课题的研究内容，只有在分析政策文本内容的基础之上，深度刻画

① 陈振明 . 政策科学 [M]. 北京：中国人民大学出版社，1998：428.

② 黄明东 . 教育政策与法律 [M]. 武汉：武汉大学出版社，2007.

③ 那格尔 . 政策研究百科全书 [M]. 林明，龚裕，鲍克，等译 . 北京：科学技术文献出版社，1990：7.

④ 孟卫青 . 教育政策分析的三维模式 [J]. 教育科学研究，2008（Z1）：21–23.

教育政策在社会，尤其是中小学教育实践中具体的实施状况，才能真正揭示中小学贫困生扶志扶智教育政策的本质，掌握其内在规律；只有在系统梳理现在政策内容产生历史、流变过程、执行反馈、调整终止等方面的基础之上，才能更好地为制定新政策提供可靠的建议和帮助。

3. 分析维度的确立

在梳理教育政策的相关理论之后，回归到本课题研究的设计思路。本课题综合上述教育政策理论，致力于教育政策研究的创新。即在思辨研究、文献研究、规范研究、实证研究之外，还需要一种将理论探索与实践研究结合起来的新路径，这可称为理论导向的教育政策经验研究[①]。遵循这样的教育政策研究特点，从上述政策分析理论与模型和政策变迁理论的观点出发，根据本章现有政策文本的内容分析，本课题提出了贵州省中小学贫困生扶志扶智教育政策的分析维度：

（1）对象特征。也就是本课题研究的扶志扶智教育政策的目标群体，其特点和现实帮扶需要构成了本研究的重要基础，对象特征调查内容是扶志扶智教育政策在制定和实施之后政策制定主体所期待能够有效得以解决的问题。

（2）观念宣传。侧重于各个政策执行主体和目标群体对现有政策和扶志扶智观念的认识，以及各个行动主体对教育政策的目标和要求宣传是否到位，且做到“入脑入心”。主要包括对教师观念和政策宣传的了解。

（3）执行效果。现有扶志扶智教育政策在执行过程中的具体效果测评，以期对政策执行效果进行评估。主要由扶志成效、扶智成效、资助成效、控辍保学、成绩提升等要素构成。

① 陈学飞，林小英，茶世俊．教育政策研究基础 [M]. 北京：人民教育出版社，2011.

（4）机制规范。着重考察扶志扶智教育政策实施的目标群体和行动主体（执行机关）等角色之间的动态机制，并初步对其影响因素进行筛选。具体包括身份认定、组织实施、资助方式、评价考核、协同配合和影响因素等方面。

（5）制度环境。了解影响政策执行和目标实现的具体制度环境，考察环境因素以期得到扶志扶智教育政策在实施过程中的具体问题。具体包括对制度保障、资源配置、教师投入、教师培训等政策实施的环境条件进行调查。

至此，得到构建调查问卷和访谈提纲的基本维度，为后期实地调研和分析问题提供可靠依据。

第四章　中小学贫困生扶志扶智政策实践的调查设计

本章基于前期的理论范畴梳理和文本内容分析，深入教育实践，主要采用问卷调查法、访谈法和观察法对我国中小学贫困生扶志扶智政策实践现状进行描述和系统调查。

本研究使用的是量化和质性相结合的方法，以最大限度地减少资料收集和分析过程中出现的误差，保证调查研究的准确性和科学性。量化研究的方法适用于进行大面积的调查与研究，通过适当的抽样方法可以获得具有代表性的数据及研究结果。对于研究本身的效度和信度也可以进行相应的检测，并且可以对因果关系和变量之间的内因关系进行探究，还可以对研究者事先的假设进行检验。而质性的研究方法则比较深入，也比较客观，可以在微观层面对事物进行深挖细剖，叙事可以更接近于人们自然状态下的生活，可以较为准确地了解当事人对问题的看法。用这种开放的方式搜集的资料可以解释出数字背后隐含的实质，也便于了解事物之间的复杂性联系。两者的结合可以更好地从不同角度、不同层面对同一问题进行探究，并对有关结果进行证实、证伪，进而提高了研究的可靠性。① 因此本研究充分地利用了两者相结合的方法。

一、调查问卷的设计、修订与实施

对当前中小学扶志扶智执行现状进行问卷调查，调查对象主要集中于易地扶贫搬迁安置中小学的政策目标群体——贫困生，政策的主要执行者——教师，以“对象特征”“观念宣传”“执行效果”“机制规范”“制

① 陈向明．质的研究方法与社会科学研究[M]．北京：教育科学出版社，2000：472-476.

度环境”五个调查维度为准设计调查问卷进行实地调查。

1. 问卷调查的目的

本问卷调查的目的主要有：第一，了解当前中小学贫困生的真实生活现状和发展需要；第二，了解政策目标群体——贫困生和主要执行者——教师对扶志扶智政策的理解及其认知差异；第三，探索影响政策目标实现的具体因素，辨析哪些是积极因素，哪些是消极因素；第四，基层政策执行者在具体执行过程中存在哪些困难和问题；第五，扶志扶智政策实施的相关制度建立是否健全合理，存在哪些薄弱点。

2. 问卷的设计

（1）问卷设计的依据。本问卷为自编问卷，问卷的编制是依据前述的理论基础和政策文本内容分析中所体现的基本维度和要素，包括“对象特征”“观念宣传”“执行效果”“机制规范”“制度环境”这五个基本的调查维度，力求全面了解贫困生和教师的客观现状。依据教育科学研究方法中“问卷调查法”的一般原理和态度量表测试的基本原则，先后对问卷进行了预测和修改，从而得出了正式的问卷。这份问卷，既有李克特量表（Likert-type Scale）法的运用，也有态度和认识测试的单选题。

（2）问卷的总体结构。设计的问卷包括四个部分：一是导入语与填写说明；二是人口学状况的调查，包括区域、角色、学历、性别等，这些都可以构成自变量，与后面的选项进行差异性检验；三是 Likert-type 五点式问卷，主要了解贫困生在享受资助政策后的变化，教师对政策的熟悉程度以及在执行过程中影响因素的筛选，进而有效地测评政策实施效果；四是教育政策执行情况的单选题，主要目的在于了解被试对象对教育政策执行的态度，主要分析方法为频数分析法。

问卷总体结构的目标层为整体调查指标体系，准则层为五个基本调查维度。五个基本维度包括“对象特征”“观念宣传”“执行效果”“机制规范”“制度环境”。其中，对象特征，考察政策对象的现实需要、状况与主要政策执行者——教师反馈的对贫困生的认识，这部分是政策制定和改进的重要出发点；观念宣传，着重考察贫困生和教师对扶志扶智政策的认识和政策的宣传情况，对政策的实施效果有良好的借鉴作用；执行效果，着重考察现有政策实施后贫困生发生的变化，可以全面测评政策执行的效果；机制规范，着重从政策执行的动态过程考察政策机制规范，体现政策执行是否合理有效，并筛选影响政策实施效果的因素；制度环境，从现有政策的配置制度和资源角度描述政策的实施过程，这部分内容对政策目标的有效达成有重要影响。五个维度构成了全面的调查体系，能够全面描述政策实施现状和测评政策实施效果。

调查问卷编制维度具体说明见表 4-1。

表 4-1 调查问卷编制维度说明

目标层	准则层（一级指标）	要素层（二级指标）	贫困生问卷（附录二）（题号）	教师问卷（附录一）（题号）
调查指标体系	对象特征	民族文化	3、11	
		心理健康	15、16	
		贫困程度	10、13	
		父母陪伴	6、7	
		家庭投入	8、13	11
		成长困难	12、19	21、22
	观念宣传	教师观念		15、16、17、18、24（8～9）
		政策宣传	5、14	23（1～2）
	执行效果	成绩提升	9	17、19
		控辍保学	17	
		扶志成效	22、23、24、26（1～4）	24（3～4）
		扶智成效	26（5～10）	19、24（5～7）
		资助成效	25	24（1～2）
	机制规范	身份认定	4	10、14、16
		组织实施		6、20
		资助方式	18	
		评价考核		13
		协同配合		11、25（7～11）
		影响因素		25（1～6）
	制度环境	制度保障		7、8、12
		资源配置	20、21	7
		教师投入	14	6、9、20
		教师培训		8

3. 问卷的实施

（1）问卷的测试。问卷设计从 2019 年 10 月 1 日起至 2019 年 10 月 20 日止，进行了测试和修改，最终形成了正式问卷。

问卷第一稿设计完成后采用了随机抽样的方法，抽取了六盘水市钟山区马坝小学和六盘水市第十四中学作为被试样本。发放学生问卷 300 份，回收 298 份，有效问卷 287 份，回收率为 99.33%，有效率为 95.67%。发放教师问卷 80 份，回收 80 份，有效问卷 79 份，回收率为 100%，有效率为 98.75%。据测量，学生回答问卷的时间最快为 8 分钟，最慢为 15 分钟，教师回答问卷的时间最快为 6 分钟，最慢为 10 分钟，整体答题时间较短，有增加题量的可行性。

测试后分别对校长、教导主任、教师等共 9 人进行访谈，询问其回答问卷的情况，具体包括 5 个题目：学生回答问卷有什么困难；答题的方式是否明确，有没有不明确的地方；哪些题目回答起来有难度；是否存在不愿意回答或不想回答的题目；有无更好的建议。据统计，被试者提出问卷存在的问题并可有效改进的共 26 处，分别呈现在题干、选题、格式、表述准确性等方面。被试者一致认为没有回答障碍，不存在答题的伦理性问题。

问卷回收后，采用 SPSS 13.0 社会科学统计程序对问卷进行编码，定义变量，输入数据。输入时采用一人录入，一人读数校对的方式，保证输入质量。录入后，对问卷进行了初步的探索性因素分析，通过对五个范畴进行 KMO 值检验，球形检验结果为 0.87，依据常用的 KMO 度量标准检测的变量适合用作因子分析，根据统计学原理可以作因素分析。

在试测的时候，为了获取专家效度，制定了“调查问卷专家效度表”，先后寄给西北师范大学、南京邮电大学的三位教授，并请求他们对问卷进行评测。从回收的专家效度表来看，专家效度值为 84.3 分，基本得到了专家的认可。

根据专家的效度评测结果和反馈修改意见，对问卷进行了修改，主要是删减了部分信度不高、有重复测量现象的题目，增加了部分更明晰的题目，最终形成了正式问卷。

（2）样本的选取与问卷的施测。贫困生和教师的问卷正式施测样本坚持了随机性、地域性、类别性和便捷性相结合的原则，从地域上选择了经济欠发达的民族地区：黔西南布依族苗族自治州、毕节市、六盘水市三个市（州），之所以选取这 3 个市（州）是出于对贵州省易地扶贫搬迁政策实施和中小学贫困生资助情况的综合考虑。

对于样本学校主要采取的是分层随机抽样的方法，就是将总体单位按其属性特征分为若干类型或层，然后在类型或层中随机抽取样本学校。该方法的特点是通过划类分层，增强了各单位间的共同性，便于抽出具有代表性的调查样本。[①] 该方法适用于总体情况复杂，各单位之间差异较大，单位较多的情况。最终样本学校的选择情况见表 4-2。

表 4-2　最终样本学校选择情况

市（州）	县（区）	学校类型	数量（所）
黔西南布依族苗族自治州	兴义市等 9 个市（区）	小学	16
		中学	2
		九年一贯制学校	1
毕节市	威宁彝族回族苗族自治县等 9 个县（区）	小学	18
		中学	3
		九年一贯制学校	1

① 巴比．社会研究方法：第 10 版 [M]. 邱泽奇，译．北京：华夏出版社，2005：199.

续表

市（州）	县（区）	学校类型	数量（所）
六盘水市	钟山区等 4 个市（区）	小学	13
		中学	2
		九年一贯制学校	2

抽取了三个市（州）的 58 所中小学的贫困生、教师进行问卷施测，共发放学生问卷 12000 份，回收 11932 份，有效问卷 11870 份，回收率和有效率分别为 99.43% 和 98.92%。见表 4–3。

表 4–3　正式发放和回收问卷情况统计

市（州）	学校（所）	发放数	回收数	回收率 (%)	有效数	有效回收率 (%)
黔西南布依族苗族自治州	19	4600	4577	99.50	4564	99.22
毕节市	22	4500	4482	99.60	4445	98.78
六盘水市	17	2900	2873	99.07	2861	98.66
合计	58	12000	11932	99.43	11870	98.92

二、访谈样本和观察样本的采集

访谈法主要采用了半结构性访谈提纲访谈和观察相结合的方法，在问卷调查的基础上，对问卷很难显示出的一些深层次问题开展半结构性访谈，深入实地，面对面地与贫困生家长、校长、资助工作管理人员进行访谈，力求从深层次调查了解贫困生及其家庭的真实需要和困境，评估当前教育政策实施的效果，为教育政策的改进和制度配套提供参考。

访谈主要是围绕研究设计的五个维度，分别从不同的政策执行参与者的角度考察对于政策的认识和执行效果的评判，每个访谈对象的访谈设置 10 个左右的问题，力争对问卷数据无法统计的研究资料进行搜集（见附录四、六、七）。同时，对学校政策执行的“违规违纪”“社会舆情”“创新措施”等附加内容资料进行搜集。

根据研究目的和研究选样设计，本课题组共分为三个小组，分别深入贵州省黔西南布依族苗族自治州、毕节市、六盘水市三个市（州）进行实地调研，历时两个月左右；同时，本课题组对样本选择地区以外的易地扶贫搬迁点进行了调研，对贵州省所有市（州）做到了“全覆盖”。调研的地区和易地扶贫安置点统计见表 4–4。

表 4–4　调研地区和易地扶贫安置点统计

安置点地区	数量	安置点
黔西南布依族苗族自治州	20	册亨县坡妹镇居住区、冗渡镇天依榕尕小镇、百口乡整乡搬迁居住区，义龙新区顶效安置点、步马居住区，望谟县高车安置点、甘莱安置点，晴隆县阿妹戚托小镇、沙子镇安置点，普安县布依茶源小镇、龙溪石砚小镇，贞丰县县城安置点、者相镇安置点，兴仁市摆布河安置点、瓦窑寨安置点，兴义市洒金安置点、木贾街道安置点、马岭安置点，安龙县蘑菇小镇、九龙安置点
毕节市	18	七星关区碧海阳光移民新城安置点、官屯镇龙滩坪安置点，大方县奢香古镇安置点、顺德新区白石安置点、凤山乡店子村安置点，百里杜鹃石牛安置点，黔西县锦绣花都安置点、惠风花园安置点，金沙县光明小镇安置点、大水小镇安置点，织金县新城区安置点、平远人家移民安置小区，纳雍县珙桐欣苑安置点、鸽子花小镇安置点，赫章县西城区安置点、东城区安置点，威宁县五里岗工业园区安置点，金海湖新区锦绣金海安置点

续表

安置点地区	数量	名称
六盘水市	11	钟山区水月产业园区安置点、红山安置点、大箐安置点，水城县玉舍镇安置点、以朵社区、鸡场小城镇，盘州市红果县城安置点、盘南产业园区、响水镇丫基村安置点，六枝特区岩脚镇安置点、县城安置点
贵阳市	1	花溪区桐木岭安置点
安顺市	2	西秀区启新安置点，关岭县同心社区
铜仁市	1	思南县丽景社区
遵义市	1	仁怀市凤凰小区
黔南布依族苗族自治州	1	龙里县奋进社区
黔东南苗族侗族自治州	1	凯里市白午片区
合计	56	

本研究的大部分访谈集中在问卷样本选择的黔西南布依族苗族自治州、毕节市、六盘水市。研究组每到一个地区都与当地的资助管理部门或教育局联系，深入到当地学校和搬迁安置点后，将人员分为问卷调查小组和访谈小组分头进行调研，对每所学校调研时间控制在 2 ～ 3 个小时。

此外，本研究利用观察法深入样本学校和易地扶贫搬迁安置点，实地观察了解中小学贫困生的生活学习情况，通过收集图片和文件等资料进一步充实调研资料，最终形成由 260 张照片组成的图片资料库和其他文件组成的资料集。

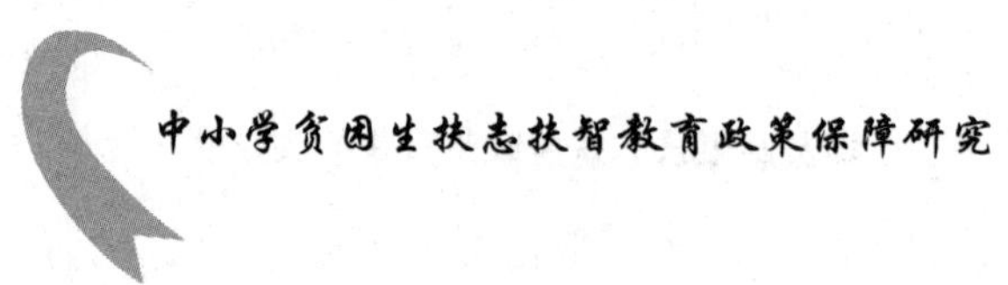

三、初步的调查结果统计与分析

（一）问卷样本采集情况

确定了样本学校之后，采取分层抽样的方法，在小学选取一至六年级，在中学选取七至九年级作为样本年级。共发放学生问卷 12000 份，回收 11932 份，其中有效问卷为 11870 份，有效回收率为 99.48%，见表 4–5。

表 4–5　学生问卷统计一览表

年级	人数	占比（%）
九	1304	11.0
八	1542	13.0
七	1527	12.9
六	2073	17.5
五	2217	18.7
四	1410	11.9
三	1045	8.8
二	522	4.4
一	217	1.8
缺失	13	0.1
合计	11870	100.0

教师问卷共发放 2000 份，回收 1967 份，其中有效问卷为 1935 份，

有效回收率为98.37%，见表4-6。

表4-6 教师样本基本信息

类别		人数	比例（%）	类别		人数	比例（%）
学校	小学	911	46.8	性别	男	883	45.63
	初中	827	42.5		女	1051	54.31
	高中	197	10.2		缺失	1	0.06
学历及类型	中专	161	8.32	教龄	3年以下	305	15.76
	专科	294	15.19		3 ~ 10年	674	36.18
	本科	1425	73.66		11 ~ 20年	526	27.18
	硕士及以上	27	1.39		21 ~ 30年	288	14.88
	民办教师	13	0.67		30年以上	126	5.17
	缺失	15	0.77		缺失	16	0.83

（二）访谈样本采集情况

在本研究的访谈中，对教师和学生的访谈基本是采用面对面实地座谈的形式完成的，访谈人员至少由一人访谈、一人记录组成，也包括部分通过随机不定时的交谈记录完成的。具体的访谈人数见表4-7。

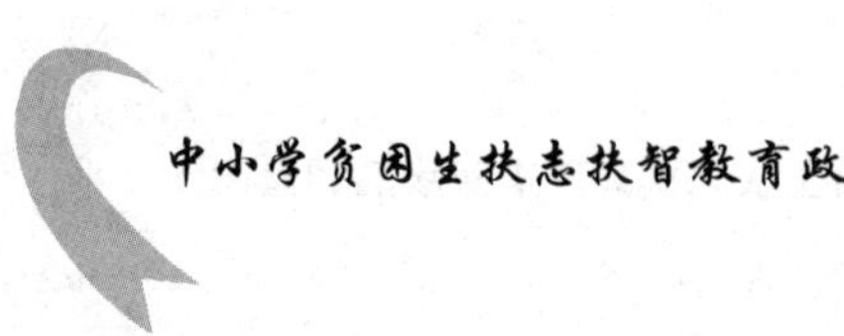

表 4-7 访谈人数统计（人次）

地区	对象					
	贫困生	家长	资助工作管理人员	校长	学校资助管理人员	教师
黔西南布依族苗族自治州	36	21	10	23	8	13
毕节市	45	26	5	14	5	14
六盘水市	27	11	6	15	3	20
贵阳市	1	1	0	0	0	0
安顺市	2	3	0	0	0	0
铜仁市	0	2	0	0	0	0
遵义市	1	2	0	0	0	0
黔东南苗族侗族自治州	1	1	0	0	0	0
黔南布依族苗族自治州	2	1	0	0	0	0
合计	115	68	21	52	16	47

第五章　中小学贫困生扶志扶智政策实践的调查结果分析

近年来，国家和贵州省对贫困生资助的全覆盖基本解决了贫困家庭学生因经济困难而上不起学的问题，同时对贫困家庭的致富脱贫起到了重要的助推作用。为充分了解和把握资助政策对贫困生扶志扶智的效果和作用，系统评测扶志扶智政策在实施过程中存在的问题和影响因素，结合本课题的研究对象，从以下五个维度进行调查并进行结果分析。

一、对象特征

中小学贫困生是教育精准扶贫和扶志扶智教育政策的目标群体，他们的健康成长关乎每一个贫困家庭的顺利脱贫和社会发展的质量与水平。由于目标群体的民族文化、家庭贫困程度、心理健康等各个方面的实际状况不同，贫困生对帮扶的需要和要求也不一样，准确把握他们的现实需要和特征是政策制定的重要着眼点。基于此，本调查首先对贵州省中小学贫困生现阶段的发展特点和困难现状进行调查了解。

（一）民族文化

贵州省属于多民族聚居省份，共有少数民族人口 1255 万人，所占比例为 33.61%，中小学在校学生中少数民族学生占比较大。

参与本次问卷调查的汉族学生有 7314 人，少数民族学生有 4556 人，“民族”项为缺失的有 12 人。其中，少数民族学生占总人数的 38.38%。其中，人数较多的少数民族有布依族 1516 人，苗族 1220 人，彝族 956 人。对于“民族”这一变量，本调查是随机抽样的，从参与调查的学生数量来看，汉族学生最多，少数民族占比接近 40%。人数统计如图 5–1：

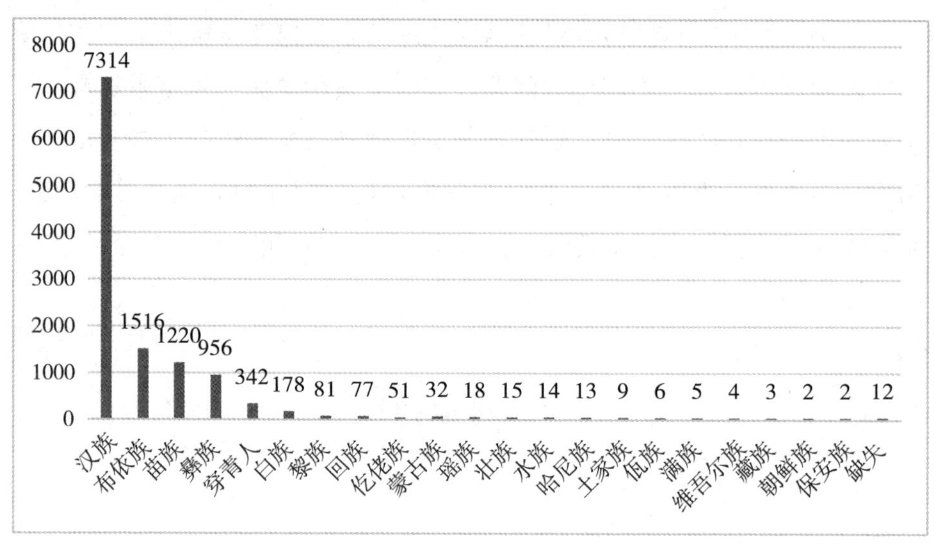

图 5–1　参与调查的学生民族情况统计

对贫困生的扶志扶智需要尊重少数民族习俗和传统，发扬少数民族文化。少数民族特有的民族文化传统以及家庭教育观念对子女教育重视程度、家庭教育投入具有重要影响，因此学校对贫困生的扶志扶智也要在尊重少数民族传统文化的前提下开展。例如，晴隆县第九小学在设计和建设之初，便积极开发少数民族校园文化，开展了丰富多样的校园文化活动，同时在搬迁安置点阿妹戚托小镇积极开展民族文化进校园活动，将身着少数民族服饰的学生形象设置在社区街道，实现了社区民族文化和学校教育的充分融合。

民族文化与学校教育的融合最明显的表现就是少数民族语言在学校的使用。调查显示，有 74.5% 的被试者表示平时在学校用普通话和老师同学交流，有 21.9% 的被试者使用本地区方言，有 3.5% 的被试者用少数民族语言。尽管贵州近年来大力提倡开展双语教学，但从总体上来看，由于开设双语课程数量不足和双语课程衔接不够、双语师资缺乏等现实原因少数民族贫困生在学校期间适应周期长，容易产生环境不适应现象。

在调查中，有位教师（兼任班主任）讲到“三个苗族小女孩”的案例：

> 我带的班上有三个来自同一个村寨的苗族小女孩，普通话水平不行。一年级还可以，二年级慢慢话开始变少，三年级干脆就不和别人说话了，我一直在主动和她们进行沟通，她们和我讲，她们更喜欢原来（搬迁之前）学校的老师，因为老师会和她们用苗语讲话，和她们是同一个苗寨的人。在班上这样的孩子还有一部分，他们基本上一放假，就高兴地回老家去了，尽管老家条件很差，但她们很喜欢那里，从小是在那里长大的。
>
> （钟山区马坝小学Z老师访谈，2019-11-20）

从上述案例可看出，具有少数民族文化背景的中小学生由于生活环境、文化差异容易在搬迁后对原生活环境产生“想回老家”的依恋现象，在校期间出现生活适应不良的问题，与老师、同学交往产生疏远感，导致对学业也产生障碍。因而对贫困生的扶志扶智要结合民族文化差异进行区别对待，尊重被扶助对象的生活文化传统，注重搬迁生活环境变化给学生带来的学校生活适应问题，积极应对因学校环境适应给学生带来的成长困扰和心理问题。

（二）心理健康

贫困生在校期间的心理健康水平直接影响到扶志扶智的开展，尤其是易地搬迁后环境适应问题会带来源自生活和学习的双重心理压力，从而使其产生自卑、焦虑、抑郁、人际关系紧张等心理问题。调查显示，有41.9%的贫困生在学校期间会因学习困难而产生较大心理压力，有55.6%的贫困生面对考试产生紧张的心理。环境适应问题如若不加以合理调适，就会导致贫困生面临较严重的“心理贫困”危机，从而使经济贫困和心理贫困相互交织，产生“双困生”[①]。迫于生活经济压力，贫困生更容易产生自闭、抑郁、自卑等心理问题，特别是生活困难导致学习条件不好，会让其承受较大的学习压力，在学习成长方面缺乏个人主观能动性。

受访者（女）：我是小学二年级（1）班的班主任，班上有一个贫困户的孩子，是男孩，父母离异了，由父亲一个人带。

访谈者：这个孩子有什么特殊吗？

受访者（女）：这个男孩在校期间更倾向于和女老师接近，并在公共场合对女老师时常有拥抱、拉手等亲昵举动，每天早上都早早到我办公室见我，说想我。有一次，他抱住了班上的一个女生。我没办法，叫他爸爸来学校，告诉他爸爸这事后，他爸爸很生气，当着我和所有学生的面打了孩子一个耳光。事后，我发现他们家有严重的家庭暴力。

（钟山区第十一小学W老师访谈，2019-12-13）

对贫困生来讲，不仅面临着经济贫困，精神贫困也是贫困生长期面临的问题，经济匮乏与家庭文化、精神、观念的贫困，甚至父母离异造成的母爱缺失等各种困难相互交织，如受访者 W 老师所述的贫困生经济困难，父母离异，造成自身母爱缺乏，生活幸福感降低、孤僻抑郁等不良心理现象滋生，以及情感寄托开始向父母之外的人、事转移等。

从访谈材料来看，贫困生的心理健康问题已经引起了中小学校长和教师的关注，但还没有得到足够的重视。学校只要达到“在校安安全全，不要出事”的目标就可以，对因贫困和搬迁而产生的心理健康问题没有充分地评估、引导和梳理。从社会方面来看，社会不良风气导致贫困学生人际交往压力较大，在拜金主义、利己主义等社会不良风气的影

① “双困生”特指经济贫困和心理贫困兼有的中小学贫困生。

响下，家庭和学生个人都注重功利性的发展，集体主义观念淡薄，同学之间的人际关系淡漠。贫困生想与其他学生交往，但往往由于家庭经济困难而产生自卑，反而加剧了贫困生的社交恐惧感，使其变得茫然、失落、孤僻，不愿主动与别人交往，在遇到困难和挫折时也没有朋友可以倾诉，久而久之，就产生厌学、弃学等行为。

（三）贫困程度

贫困生的家庭经济贫困是造成贫困生成长困难的重要原因，家庭经济的贫困程度会影响贫困生在学校的学习和健康成长水平。依照传统的以收入水平作为唯一尺度进行贫困程度测量显然不能全面地描述贫困发生过程和致贫程度，测量标准也在从单一的收入水平向多维度转化。有学者采用 AHP 方法从物质资本和人力资本两个维度构建了中国城市家庭贫困程度测度指标体系。[①] 依据物质资本和人力资本的维度，本调查设计了两个关于贫困生家庭贫困程度的问题。

从贫困生对家庭的经济状况认识的调查来看，有 74.4% 的贫困生认为家庭能够支付其上学的费用，有 20.4% 的贫困生认为有一定的压力，有 4.7% 的贫困生认为有很大压力。在教育精准扶贫政策实施之后，贫困生享受国家资助政策，使大部分贫困生家庭经济水平能够基本满足上学所需费用，但仍有近四分之一的贫困生家庭条件比较困难，支付其上学的费用有压力。

家庭经济贫困制约着对贫困生的学习投入，影响贫困生的学习效果。从贫困生在家时学习的途径来看，有 33.2% 的贫困生在家由父母或他人辅导学习，有 13.3% 的贫困生通过手机或电脑学习，有 51.5% 的贫困生

① 罗小兰，曹艳春 . 基于 AHP 方法的中国城市家庭贫困程度测度指标体系设想与实证分析 [J]. 中央财经大学学报，2010（6）：75-80.

在家自学。数据显示，在信息化普及的当今社会，大部分贫困生在家庭教育中由于经济困难而难以利用网络等现代化手段进行学习，造成其学习方式单一化，学习效果不佳。

从以上两个问卷答题的统计数据来看，现阶段大部分贫困家庭都能够承担贫困生上学的费用，有压力的属于少部分。由于家庭经济困难造成部分贫困家庭对贫困生学习提供的条件和支持普遍不够，支持程度因不同家庭的贫困程度而异。在教育精准资助政策实施的现阶段，能否准确衡量贫困程度是关系到真正公平进行资源分配的前提，使不同贫困程度的贫困生得到合理帮扶，成为提高教育扶贫质量的重要前提，也成了衡量扶志扶智和教育精准资助工作的难点。

（四）父母陪伴

父母陪伴是指在家庭日常生活中，父母有计划或无计划地与孩子在一起，并在必要时以积极的教养方式，为孩子提供物质或精神上的支持与帮助。① 学校教育尤其是基础教育需要家校合作，家庭环境里父母的陪伴可以使贫困生感受到来自父母的关怀和温暖，但贫困家庭的父母又因为经济困难在外打工而难以陪伴孩子，使贫困生在成长方面缺少父母的陪伴。

根据相关学者调查，我国欠发达地区的农村贫困家庭最主要的收入来源是政府低保或者社会救济，以及临时性收入，这反映了贫困家庭的生活来源具有很强的依赖性和不稳定性。② 贫困生家庭面临经济状况的窘迫，父母迫于生活压力外出务工，这种实际情况会导致贫困生家庭社会资本欠缺，父母陪伴相对不足，对其健康成长产生影响。有学者认为

① 冯丽．父母陪伴与小学生自我意识和学业成绩的关系[D]．曲阜：曲阜师范大学，2011.

② 李敏，陈卫．中国城市贫困对儿童教育的影响[J]．人口与经济，2007（4）：40-45.

亲子之间沟通越频繁，则儿童获得的幸福感越强。反之则越弱[①]。

据问卷统计，有 21.1% 的参与问卷调查贫困生存在“父母都外出打工没有陪伴在孩子身边”的情况，“父母有一人外出打工”的参与问卷调查贫困生占 43.5%，“父母都在家”的参与问卷调查贫困生只有 34.6%。可见，大部分的贫困生存在父母陪伴缺失的问题，使贫困生无法感受到来自父母关怀的温暖，亲情疏远。这种情况是贫困家庭的经济贫困造成的，由于担心他们的工作和家庭收入，分散了他们投入在儿童身上的精力，他们关心和照料孩子的时间和精力都相对较少。[②]

参与被试的贫困生中有 60.5% 的学生每天都会回家，35.8% 的贫困生是寄宿生；他们住宿在学校，平均每周回一次家的贫困生有 25.0%，每月回一次家的贫困生有 6.4%，每学期回一次家的贫困生有 4.4%。从调查可看出，“贫困生”与“寄宿生”身份叠加，使家庭环境中父母陪伴的时间更少。有超过一半的贫困生在家没有人陪伴辅导学习，家庭教育缺失。即使父母在家，也因文化程度偏低或重视不够，对贫困生在家学习辅导不足，家庭教育投入相对不足。

此外，在调查中，有部分学校校长反馈：“寄宿生制度使贫困生吃住在学校，尽管物质条件优越，但孩子们放学后想回家也回不去，尽管家和学校有可能就只有一墙之隔，但学生就是不能回家。”类似“一刀切”式的寄宿生制度在极大地缓解了家庭经济困难的同时，对部分贫困生也造成其家庭亲情的疏远。而对学校管理来说，“也造成了较重的责任和负担”。（安龙县双龙小学 Y 校长访谈，2019-12-12）

① 张连生，杨洁，朱玉婷，等．湖北农村留守儿童心理健康状况及影响因素分析 [J]. 中国公共卫生，2012（2），170-171.

② 孙莹．贫困的传递与遏制：城市低保家庭第二代问题研究 [M]. 北京：社会科学文献出版社，2005：148.

（五）家庭投入

从父母对子女学习的关注程度方面来看，有 73.6% 的父母经常关心子女学习，有 16.2% 的父母有时候关心子女学习，有 7.5% 的父母偶尔关心子女学习，有 2.4% 的父母从不关心孩子学习。数据表明，大部分贫困家庭的父母是重视子女学习的，也乐意投入，“希望通过教育改变家庭贫困的命运，让孩子成长成才，自己可以扬眉吐气”（家长访谈记录，2019-12-03）。“读书改变命运”的观念在大部分家庭中已经根深蒂固，贫困家庭希望子女通过上学读书改变家庭贫困的窘迫状况。

从家庭的学习途径和方法来看，有超过一半的贫困生在家学习是以自学方式进行的，较少利用电脑或手机等途径。社会资源在向教育资源转化的过程中，由于经济贫困使贫困生的家庭投入相对较少，贫困生享受的教育资源相对减少，个人发展和成长处于不利局面。家庭投入少的弊端带给贫困生在发展机会和权益上的弱势地位又使其极易陷入“贫困的循环”。从教师对家庭投入的认识能够印证，有 83.1% 的家长会积极配合对孩子的教育，而有 16.9% 的家长并不配合对孩子的教育。如若学校教育在家庭环境中得不到认同，甚至得不到有效的支持，贫困生的扶志扶智则在现实生活中就无法正常开展。

社会资本理论认为人的健康成长依赖于良好的人际关系网络，社会资本的类型之一家庭社会资本主要通过父母培养子女花费的时间与努力、亲子之间的情感联系以及父母对子女社会化的影响等方面。对子女的成长发挥作用，是儿童成长过程中至关重要的社会资本。[①] 对贫困生的成长来说，家庭投入与学校教育同样重要，需要并行不悖。皮埃尔·布尔迪厄（Pierre Bourdieu）的文化再生产理论也证明了这一点，他认为如

① COLEMAN S J.Foundations of Social Theory[M]. Cambridge, MA: Belknap Press of Harvard University Press, 1990.

果父母的受教育程度较高，其子女在教育方面将占据优势。因此，从家校协作的角度来看，家庭教育相对缺失，学校教育就要为贫困生提供必要的教育帮扶，促进中小学贫困生得到更好的发展，为中小学贫困生提供公平的发展机会和教育环境，这是学校教育义不容辞的责任和应尽的义务。

（六）成长困难

面对纷繁复杂的现实困难，对贫困生的帮扶需要了解贫困生在成长过程中的具体困难，这是给予其合理帮扶及政策制定和实施的前提。家庭经济的贫困尤其是深度贫困，会给贫困生的成长带来诸多不利因素，给贫困生的学习和生活造成的是一种综合性的影响。贫困家庭的子女限于家庭经济条件和资源的贫困处境，在生活和学习中更容易面临生存和发展的困难和风险。由于受教育、经济等方面因素的限制，贫困儿童在以后自我实现方面会碰到很多障碍，甚至会陷入贫困的恶性循环[①]。

贫困肇始于生活物资资源的匮乏，经济的贫困会造成更多的社会资源、教育资源的匮乏，这种恶性循环带给贫困生的是各种限制其个体发展的境遇，处于社会群体发展的弱势地位，也会导致其产生精神、道德和心理等方面的贫困。对富裕家庭来说，稀松平常的投入和生活决策，在贫穷家庭看来却显得异常困难。幼而无长、丁而无婚、壮而无劳、老而无养、家有残疾，此类家庭功能的缺失往往使家庭陷入困顿。[②]

调查问卷设计了关于贫困生成长困难的问题。从具体的成长困难来看，有 42.9% 的贫困生认为“家庭经济困难”是最重要的因素，有 16.6% 的贫困生认为最重要的因素是“社会环境”，有 38.6% 的贫困生

① 谢勇．中国城镇居民低收入群体研究综述 [J]. 人口与经济，2006（2）：54-59.

② 王雨磊．精准扶贫需注重家庭立场 [N]. 中国社会科学报，2017-12-15（5）.

认为最重要的因素是“教学内容难”或“学校生活枯燥”。从数据来看，贫困生成长的困难具有多种类型，经济贫困是造成其成长困难的重要因素，但不是唯一因素，学校和社会范围内的问题也会造成贫困生的成长困难。

关于贫困生的帮扶需要，有 5.7% 的贫困生认为需要钱物资助，有 66.8% 的贫困生需要学习帮助，有 8% 的贫困生需要生活关爱，有 6.6% 的贫困生需要心理辅导，有 7.9% 的贫困生需要志向引导。中小学贫困生对帮扶的需要主要集中于学习帮助，也有来自生活、心理、志向等不同类型的帮扶需要。在实施贫困生教育精准资助政策以后，基本解决了因经济困难而造成的贫困，但在校贫困生还面临经济贫困导致的学业困难、心理贫困、志向缺乏等实际困难和帮扶需要。

从教师的角度来看，贫困生的健康成长受阻于哪些影响因素？有 21.4% 的教师认为是“家庭经济困难”，有 34.6% 的教师认为是“家庭教育投入不足”，有 31.9% 的教师认为是“父母文化水平低”，有 12.4% 的教师认为是“民族文化观念落后”。可见，不只有经济困难会对贫困生的健康成长造成影响，还有家庭教育环境、社会和文化等多种因素影响。

从贫困的类型和影响因素来看，贫困家庭的子女通常没有良好的家庭学习条件，甚至没有机会接受家庭辅导，使得其学业面临困难。基础教育阶段贫困生面临的贫困制约了其受教育水平的提高，削弱了贫困生个人发展的能力，从而使其发展受到限制，甚至落后的观念、文化将伴随其一生，造成贫困的代际传递，形成“贫困的陷阱”，对贫困家庭来讲，暂时性贫困将转化为长期性贫困。对此，有课题组在对某些地区的贫困村调研发现，不少贫困人口因病、因残致贫，贫困家庭中单亲家庭、留守儿童家庭和空巢家庭的比例接近70%，主要男性劳力不顾家计。家庭不仅是个人社会化的最重要、最初始的环境，也是代际关系的重要桥梁，在世代贫困及贫困代际传递的探究中，重视家庭相关变量就显得尤为关键。①

关于影响贫困生成长的问题，有11.2%的教师认为是“经济困难”，有18.6%的教师认为是“志向缺乏”，有6.9%的教师认为是“学业成绩”，有63.3%的教师认为是“以上问题都有”。这个统计数据与来自贫困生的帮扶需要和实际困难的调查结果相互印证，贫困生面临的困难是由于经济、生活、学习、心理、志向等因素综合形成的，单一的钱物帮扶不能真正解决贫困生的成长困难。

在对教师的访谈调查中，有教师将认为“班级中的部分贫困生十分好动，不听管教，甚至有消极叛逆的心理现象”，这也印证了大部分教师除常提及的贫困生“卫生生活习惯几乎没有，上完厕所从来不冲”“学习基础薄弱”“没有规矩”等现象之外，也有“没有上进心”“过一天日子撞一天钟”“消极应付学校生活”的关于贫困生内在志向和精神动力不足的描述。贫困生囿于生活环境和条件的限制，处于劣势的起跑线上，教师普遍认为其信心不足、不想读书等内在因素是其成长中更难解决的难题。这正如美国学者莫伊尼汉（Moynihan）在《认识贫困》中指出的：“生活在贫困境况的人们，由于从小受到贫困文化的熏陶，他们缺少向上的动力，环境也使他们难以有较高的动机。受教育的机会少，层次较低，这使得他们就业上的竞争力薄弱，从而使他们只能进入低收入职业和处于较低的社会地位，这进而使他们更为贫困。”②

在对贫困生的访谈中发现，个别贫困生自主发展的信心和动力严重不足，甚至对未来抱有很悲观的态度，“已经预见到通过刻苦读书在城

① 谢宇，胡婧炜，张春泥．中国家庭追踪调查：理念与实践[J].社会，2014，34(2)：1-32.

② MOYNIHAN D P.On Understanding Poverty：Perspective from the Social Science[M]. New York：Basic Book，1969：3.

市扎根、拥有城市身份并过上体面的生活对于自己来说基本不可能了”。而面对现实生活，“为了减轻家庭生活的负担，又没有到进入城市打工的年龄，才不得已选择到学校去”。这种“身在学校而心不在学校”的贫困生并没有期望通过学习改变自己的命运，他们在上学期间学习积极性不高，消极应对学校生活。

显然，精神的贫困致使这部分贫困生没有树立正确的人生理想和积极的生活态度，相对于物质生活资料的缺乏，精神的贫困更应引起教育者的重视。长期以来，扶贫领域以被动式扶贫模式为主，过度注重钱物资助的传统做法滋生了身在贫困户名单不愿退出的“养懒汉”现象，如在对某搬迁社区 Z 村主任的访谈中，Z 村主任提及“社区里有部分居民，过度依赖政府资助，不愿退出贫困名单，通过自身努力致富的意识也不强”（铜仁市思南县丽景社区 Z 主任访谈，2019-12-23）。

研究者在贵州省某社区调研时，本地社区负责人讲述到辖区社会青年 W。W 初中毕业就无业在家，“每天无所事事，觉得反正有政府的帮助”。W 所在家庭属于贫困户，收入来源主要是政府救济和种植少量玉米。由于长期贫困且受当地封闭环境的影响，W 产生了依靠政府资助的“养懒汉”心态。社区负责人关注到 W 后，多次入户对其进行引导教育，鼓励他相信自己有改变命运的能力。W 刚开始较为抵触，不愿交流，经过耐心沟通后，W 逐渐开始信任社区人员，参加了社区组织的挖掘机驾驶培训课，有了一技之长。随着顺利就业，W 的家庭收入逐渐增加，他主动向社区提出退出贫困户名单，并带动帮助身边人学习挖掘机驾驶技术。

存在类似于 W 及其家庭这种现象，缘于经济贫困导致的扶贫对象丧失了自我觉醒与发展潜能的意识，而且深陷精神困扰之中。社区工作者通过扶志与扶智相结合的方式，使贫困家庭顺利脱贫致富。无疑，在此案例中，单一的经济扶助对彻底有效脱贫收效甚微，精神的贫困仍然会是扶贫工作者重点施力的方向和目标。依靠扶贫扶智行动和做法不仅使贫困户有致富能力，摆脱经济贫困，而且能够使其树立改变命运的信心，从而彻底脱贫致富。

二、观念宣传

（一）教师观念

教育政策观念是指人们对教育政策的认识与看法。[①]教师作为扶志扶智教育政策的重要执行主体，通过立德树人的教育活动点滴渗透来完成扶志扶智教育政策，也是政策实施的“神经末梢”，对政策目标的达成和政策效果的保障具有关键作用。坚持对教师政策观念的剖析和引导是保障扶志扶智教育政策效果的重要基础。本部分基于对教师政策观念的调查，从微观行动者的角度出发，勾勒出扶志扶智教育政策在基层教育实践中普及与执行的效果。

教师从事扶志扶智的目标群体是中小学贫困生。扶志扶智区别于传统的物质帮扶，诸如以课程、知识、活动等形式存在于日常扶志扶智教育过程的教育资源主要通过教师的教学活动组织而分配给每一个贫困生，教师对贫困生的认识和帮扶策略以及技术对中小贫困生扶志扶智效果的发挥尤为重要。

据问卷统计，在教师对贫困生的认识和期待方面，有 44.4% 的教师对贫困生的未来发展“充满信心”，有 35.1% 的教师对贫困生未来发展

① 张乐天．论教育政策观念的变革与更新[J]．教育发展研究，2002（11）：80-83.

是“比较乐观”，有 18.6% 的教师则对贫困生未来发展是持“比较担忧”的态度，有近 1% 的教师则对贫困生未来发展是“无所谓”的态度。大部分教师对贫困生的未来发展是抱有较为乐观的积极期待的，认为贫困生“通过自身努力，完全可以改变现在的落后状况”。关于贫困生与其他学生是否有区别对待的问题，有 46.4% 的教师将贫困生与其他学生“同样对待”，有 32.7% 的教师“对贫困生特别关照”，另有 19.9% 的教师对待两种学生则是“因人而异，没有统一标准”。从中可看出，大部分教师在日常教学活动中并没有对贫困生进行额外关注，认为“没有必要对贫困学生区别对待，这样也是尊重他们”。依照教育公平理论的弱势补偿策略，教师为使贫困生的帮扶有效应采取额外补偿，将贫困生与其他学生区别对待，进而达到真正意义上的公平。学校教育实践采用统一的标准和制度来评价和约束教师的教学活动，致使教师普遍认为教育公平即是对每一个学生进行教育资源的平等分配，均等化分配的结果则是加剧了贫困生的不平等地位，进而使其得不到有效的帮扶和关爱。

就扶志扶智教育政策而言，扶志扶智与物质资助相比，有 11.6% 的教师认为“物质资助重要”，有 49.4% 的教师认为“扶志扶智重要”，有 37.4% 的教师认为“二者同样重要”。从以上数据看来，较多教师认为扶志扶智比物质资助更重要，这源于教师对贫困的充分了解而建立起的政策观念。扶志扶智需要与资助政策同步进行，相比传统的物质资助方式，扶志扶智强调对精神力量的扶助，对贫困生发展来说更具有可持续性。

对扶志扶智教育政策是否有必要实施，绝大部分教师持肯定态度。有 55.2% 的教师认为“非常必要”，有 38.6% 的教师认为“有必要”，只有 1.3% 的教师持反对态度，认为“没有必要”，另有 4.1% 的教师认为“无所谓”。现阶段钱物的精准资助帮助贫困生达到了起点的公平，尚存在“一刀切”的现象，教师根据对贫困生具体情况的了解和认识，普遍认为实施差异化的扶志扶智教育政策是很有必要的。在访谈中，诸多教师认为针对贫困生成长的不利条件和困难进行扶志扶智是有必要的，表明教师的政策观念不断向差异化的公平价值维度转变，其越来越注重过程公平。

有资助工作管理者认为“资助工作不只是将钱精准地发到学生手中，更重要的是通过资助达到育人的目的。现在的问题就是学校教育缺乏对教师育人观念的确立，观念树立不够导致其对政策精神理解不透，使政策在实施的过程中受阻，从而难以达到政策的目标”。（黔西南州教育局C主任访谈，2019-11-12）这样的政策观念在教师群体中也比较常见，但也有少数教师仍持这样的态度：“贫困生的帮扶就是按照政府的要求将资金发给贫困生家长，其他的没有详细的了解。”（兴义市洒金小学Z老师访谈，2019-11-13）基层教师的政策观念与政策制定者和省级、市级政策推动者的观念是否一致也决定着扶志扶智教育政策实施的效果。从这一点上来讲，扶志扶智教育政策的决策绝不是单向的决策，而是需要多个政策执行主体主动参与的双向参与的互动式决策。

正确政策观念的树立能够确保政策执行达到预期目标，产生良好的政策效果。政策的有效实施建立在执行主体政策观念和政策认可的基础之上，正如斯皮兰（Spillane）等人认为，社会情境、个人的既有知识以及意义建构会影响政策执行者的认知过程，从而解释其政策执行行为。[①]在访谈中教师和资助工作管理者时有“上有政策、下有对策”等此类话语表达，道出的是教师的一种政策执行心态，也是教育政策计划实施“失真”的概括反映。不尊重教师政策执行主体地位的后果便是教育政策执行的阻滞现象，这会使政策执行效果不尽如人意，甚至违背政策制定的初衷和原意。

① SPILLANE J P, REISER B J, REIMER T. Policy Implementation and Cognition: Reframing and Refocusing Implementation Research[J]. Review of Educational Research, 2002, 72(3): 387-431.

（二）政策宣传

作为政策实施的有效保障措施，政策宣传不可或缺。教育扶贫必须注重受教育者的自我提升，增强贫困人口主动了解、接受政策的意识。已有研究表明，贫困人口“知不知道教育扶贫政策”，直接影响到其对教育扶贫政策的满意评价及实际参与①。现行的政策宣传主要利用党政组织层层传达的机制，采取文件传达、宣传会议、领导讲话等多种形式，自上而下，广泛宣传政策要求和内容。

就贫困生对教育政策内容的了解和熟悉程度，问卷设计了题目进行测试。贫困生享受教育精准资助政策，在校有免费教科书和每天营养餐供应，但经统计，仍有 47.9% 的贫困生对资助政策“不了解”，问卷设计了让贫困生写出他所知道的资助内容的题目，仅有 7.7% 的贫困生能够基本写出各项资助内容，有 46.6% 的贫困生只能写出一部分资助内容，有 45.6% 的贫困生无法写出资助内容。

据访谈了解，学校校长和资助管理工作人员对教育精准资助和扶志扶智教育政策内容都极为熟悉，时常有对具体内容不清楚的教师和家长向从事资助管理工作的人员咨询。从教师对政策内容的熟悉程度的统计数据来看，对扶志扶智教育政策和学生资助政策内容“比较了解”的人数最多，其次为“一般”和“非常了解”，选择“比较不了解”和“非常不了解”人数相对较少。对比两种类型的政策，教师对学生资助政策内容了解更多一些，而对扶志扶智教育政策内容了解相对较少。具体数据对比如图 5-2 所示。

① 邢敏慧，张航．家庭资本、政治信任与教育扶贫政策满意度：基于全国 31 个省 240 个村庄的实证分析 [J]. 四川师范大学学报（社会科学版），2019，46（4）：77-84.

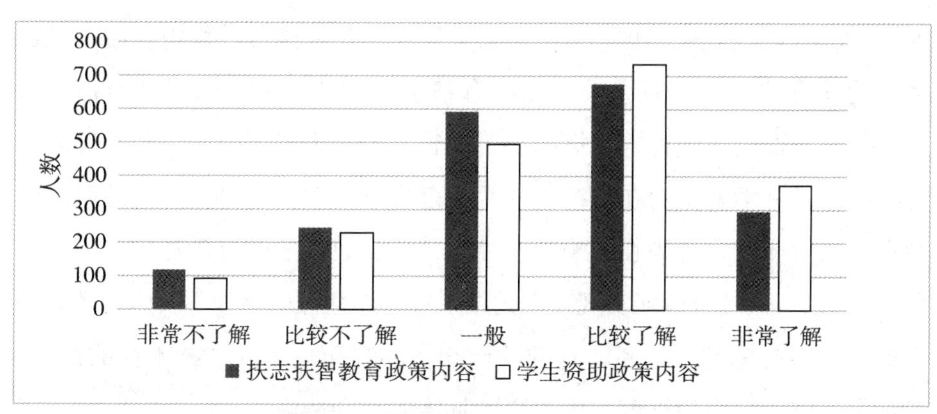

图 5-2　教师对政策熟悉程度统计

在对贫困生家长的访谈过程中，家长的需求更倾向于资金、物资的给予，“希望政府提供资金支持，给点物资”，而对于教育扶贫尤其是扶志扶智政策不十分关注，但都表示“时常有手里持有宣传册扶贫人员入户进行宣传”。（家长访谈记录，2019-11-26）

贫困生教育资助和扶志扶智教育政策宣传存在两个弊端：一方面，政策宣传忽视被帮扶群体（贫困生和贫困家庭）的接受能力，导致一些政策文本“上墙难上心，有册难入心”；另一方面，政策宣传对教育扶贫的长效性效果和实施前景介绍不足，其重点关注对贫困生的经济资助政策，导致政策育人目标的宣传效果欠佳。

三、执行效果

政策执行是政策过程的关键实践环节，政策问题解决、政策目标达成唯有通过政策执行来实现。[①]在扶志扶智教育政策执行过程中，通过对贫困生的扶志扶智实现育人功能是教育精准资助政策实施的重要目标，因此，扶志扶智是实现育人目标的重要内容，也是主要手段。关于本部分内容的调查，有学者认为在传统的理性化范式下，政策讨论主要关注政策的制定与执行环节，认为在理想的情境下，一项政策能够自动达成最佳的结果[②]。如果一项政策没能实现预期的结果，其往往被归结为不科学的政策制定或者执行有偏差。但是，这样的认知将政策简化为一个技术性的过程，忽略了价值、权力的维度，也脱离了具体的社会情境[③]。

此外，教育精准资助的目的是育人。时任教育部部长陈宝生强调"立德树人是教育工作的根本任务，也是学生资助工作的根本任务"，并要求"学生资助必须坚持育人导向，将育人作为资助工作的出发点和落脚点，构建物质帮助、道德浸润、能力拓展、精神激励有效融合的长效机制，形成'解困—育人—成才—回馈'的良性循环"。本部分侧重于中小学贫困生资助政策实施后对育人目标实现情况的评价和考量。

（一）成绩提升

问卷调查显示，根据参与被试中小学贫困生的学业成绩自我评价来看，各层次的学业水平均有分布，其中学业水平在中等、中上等、中下等范围分布较广，在优秀和较差层次分布较少，且较差层次占比要高于优秀层次占比，如图 5-3 所示。

① 朴贞子，金炯烈，李洪霞 . 政策执行论 [M]. 北京：中国社会科学出版社，2010.

② TAYLOR S，RIZVI F，LINGARD B，et al. Educational Policy and the Politics of Change[M]. London：Routledge，1997：29.

③ CODD J. The Construction and Deconstruction of Educational Policy Documents[J]. Journal of Education Policy，1988（3）：235-247.

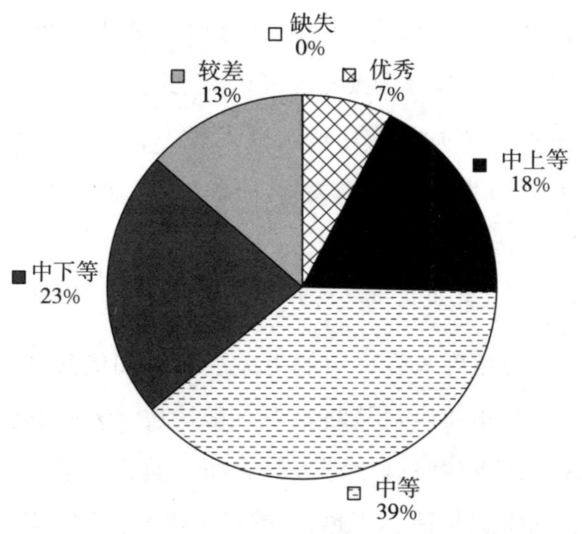

图 5-3　贫困生学业成绩自我评价分布图

调查数据显示，贫困生的学业成绩自我评价与教师、校长的访谈反馈基本契合。“贫困生中有较多的学生因为条件限制，学习成绩属于中等或较差”。但也有部分校长和教师将易地扶贫搬迁入学的贫困生和本地的学生进行比较，认为从整体而言贫困生的学业成绩较差，但“仍有少部分学生成绩优秀，学业成绩呈现两极分化现象”。有乡镇中学的校长是这样谈贫困生的学习成绩的：

“学习成绩这方面的差异肯定很大。在我们学校，贫困生主要有两种，一种是很优秀的学生，他们因为家庭经济困难，从小学习就很刻苦，懂得学习成绩好了会让他的父母为他骄傲；另一种是孩子学习习惯很差，基础弱，家长也不管。像我校今年七年级招了 368 个学生，入学后我们通过第一次考试抽一个班的学生出来专门对他们进行教育，一共有 58 个学生，其中有 27 个是易地扶贫搬迁的学生。他们的成绩排在倒数，有的乘法口诀也不会背，甚至连加减法都不会，我用了一个月时间来教他们乘法口诀，他们几乎还是不会。在寝室里面，他们个人卫生都很差，跟我们当地学生的生活习惯和品行差距还是很大的。我们平时利用各种活动对表现好的贫困生进行表彰奖励，鼓励学习差的贫困生向他们学习，这种效果也挺好的。”

（兴义市马岭中学H校长访谈，2019-11-14）

从校长和教师的角度来看，他们更关注较差和优秀具有明显两极分化的贫困生。因为从集体应对策略来看，帮扶成绩差的贫困生群体可见到明显成效，表彰优秀的贫困生可以起到树立典型的引导作用。家庭经济困难容易造成学生成长信心不足，使贫困生转化为学困生，但也有部分克服挫折和压力的优秀学生，学业成绩突出，表现优秀。因此，学校教育要用典型先进个案、励志教育引导较差的学生，使其学业成绩发生积极变化，缩小学业差距。

对因贫困而产生学业压力的贫困生群体要不断进行重新认识，正视影响学生学业成绩的家庭经济困难因素，积极引导贫困生提高学业成绩，防止贫困生转化为学困生。关注贫困生的学业情况，对成绩进步者，要及时给予表扬鼓励，增强他们的学习自信心；对于学习困难的学生，要认真分析造成其学习困难的原因，制定切实可行的帮扶措施，狠抓学困生转化工作，使他们在学业上“不掉队”，树立信心，迎头赶上。

（二）控辍保学

教育是以经济条件为基础的，经济条件不好会导致贫困家庭的子女难以完成学业，甚至不能接受义务教育，教育救助就是针对这种现象的。控辍保学是我国教育扶贫的重要措施，也是精准资助政策的具体目标。贵州贫困地区多属于少数民族地区，民族文化多元，教育观念存有较大的差异，实现控辍保学的难度大。贵州省加大力度实现控辍保学，但在中小学仍有辍学、弃学现象存在。据问卷调查，有 84.3% 的学生认为身边没有因家中没钱而上不起学的学生，而仍有 13.9% 的学生认为有因家中没钱上不起学的学生，这部分学生属于濒临辍学边缘的贫困生或特殊困难的学生。针对此类现象，在很多地区当地政府和教育行政管理部门实施了一系列有效措施，如兴义市部分学校对个别未到校上课的贫困生实行教师上门辅导制度，对其进行有效帮扶。

对控辍保学成果的巩固，各级地方政府建立了有效的防控机制和工作体系，如黔西南布依族苗族自治州全面落实“五个四”机制（坚持四个导向，建立四本台账，列出四份清单，印发四张卡片，抓好“四个一批”）和劝返复学工作指南二十条的要求，实施动态监管，分类处理，狠抓控辍保学工作，确保所有农村贫困家庭适龄子女依法接受义务教育。

贵州省现阶段控辍保学工作效果显著，但控辍保学成果的进一步巩固也是难题，可持续长效机制的建立迫在眉睫。有教师在访谈中谈道：“个别有辍学意图的贫困生主要是因为基础薄弱，导致学习习惯不好，难以跟上正常学习进度。”可见，因贫辍学基本可控，但学困型辍学较难治理。“目前最主要的辍学原因是普遍存在的学困现象，不少贫困生在学校缺乏学习兴趣，学习成绩远远达不到平均水平，导致其越来越自暴自弃，最终不得不放弃学习。”诸如此类“身在校，而心不在校”的隐形辍学现象不同程度存在，增加了控辍保学的难度，而且难以通过简单的经济资助等措施让学困生安心课堂学习，融入校园生活。

（三）扶志成效

贫困生相比非贫困生，经济困难极易导致其产生志向缺乏，使其对自己的发展规划和信心不足。就中小学贫困生的发展目标确立而言，据问卷调查统计，有 72.0% 的贫困生有清晰且明确的目标，有 17.9% 的贫困生目标模糊，有 9.3% 的贫困生没有目标。大部分贫困生倾向于选择积极向上的发展目标，努力实现自身价值，改变贫困落后现状。

知识改变命运，贫困生通过上学可以改变贫困家庭的贫困境况，从对上学目标的认识和理解来看，有 95.5% 的贫困生对自己求学目的有正确认识，其认识内涵涉及个人、社会、家庭等层面，但仍有 4.5% 没有正确认识和定位。从上述数据看来，教育能够改变贫困，大多数的贫困生对此有清晰的认识。

学校教育的目标是培养社会主义事业的建设者和接班人，党和国家对中小学教育的保障投入巨大，各项教育惠民政策措施精准帮扶到位。贫困生在享受良好中小学教育政策的同时，备感时代政策的好处。问卷调查对贫困生的志向与国家目标的关系进行了统计，有 91.9% 的贫困生认为自己的志向与国家目标具有联系，具有趋同性，有 7.3% 的贫困生认为没有关系。可见，大部分贫困生能够清醒地认识到自己的成长与国家命运息息相关，并且立志报效祖国，回馈社会。

贫困生的志向和主观努力程度对学习成绩有很大影响，这一点已被证实。智利人士苏珊娜·卡莱罗（Susana Claro）与斯坦福大学大卫·博内斯库（David Paunesku）教授、卡罗尔·德维克（Carol Dweck）教授针对智利 168000 名 10 年级学生的研究发现，培养学生成长心态可能有助于改善低收入家庭学生因受到贫困影响以至于学习低落之状况。研究人员也发现，贫困学生中具有成长心态的人数，不如同年龄中有较高收入家庭的学生多。从本课题调查的数据统计来看，参与调查的贫困生基本能够树立乐观、积极向上的远大志向和学习心态，这对于发挥教育扶贫的社会作用，彻底阻断贫困的代际传递具有重要作用。

（四）扶智成效

对贫困生扶智是学校教育基本功能的体现，学校教育以培养全面发展对国家社会有用之才。习近平总书记多次强调“扶贫必扶智”，认为“让贫困地区的孩子们接受良好教育，是扶贫开发的重要任务”[①]。中小学贫困生的扶智教育强调以学校教育内容为主体，坚持以立德树人为根本任务，促进贫困生的核心素养提升和全面健康发展。

如图 5-4 所示，贫困生对享受到国家资助政策后自身的变化评价，选择“比以前要好”的最多，远远高于其他评价，认为“不如以前”的人数最少。从数据统计可看出，自国家实施教育精准资助政策以后，贫困生群体的学习和生活能力发生了较大改变。贫困生的综合能力不断提升，不论是科学文化水平，还是人际交往能力、生活劳动技能、社会适应能力，包括学习成绩和学习兴趣都呈群体性提高，扶智政策的效果良好。

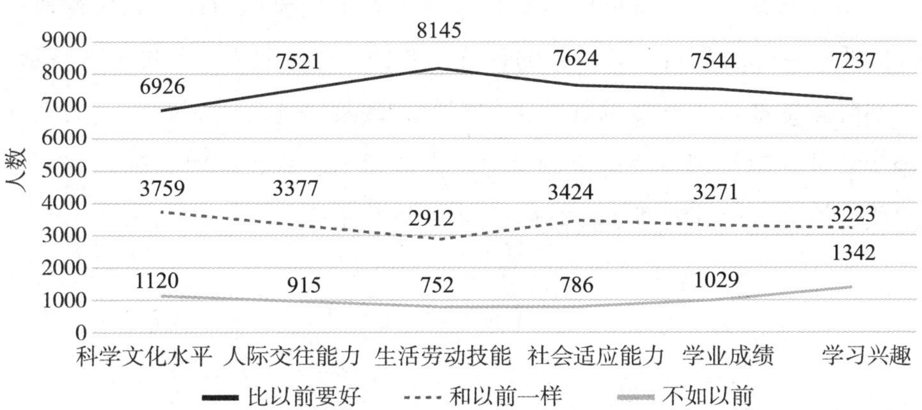

图 5-4　扶智效果评价统计图

从教师反馈的贫困生学业成绩变化来看，针对实施免费教科书资助

① 习近平给“国培计划（2014）”北京师范大学贵州研修班参训教师回信并勉励广大教师为下一代健康成长继续作出贡献[N]. 中国教育报，2015-09-10（2）.

政策后贫困生的学习成绩的变化有 22.0% 的教师认为“进步很大”，有 57.9% 的教师认为“有进步”，有 14.1% 的教师认为“没变化”，有 4.9% 的教师认为“下降”。教师的反馈与贫困生的学业评价相互印证，在国家资助政策实施之后，贫困生的学业成绩从整体上来看有进步，经济困难尤其是学习资源不足给贫困生带来的影响在资助政策实施后大有改观，经济资助政策的“雪中送炭”式帮扶效果突显。

（五）资助成效

助困是指从物质上帮助家庭经济困难学生，这是教育精准资助工作的首要目标。国家、学校、社会针对家庭经济困难学生实行精准资助，从多元化的奖、助、补、贷、勤、免等层次，“全覆盖、个性化”地为家庭经济困难学生提供经济帮扶，满足家庭经济困难学生最低层次的需求。

现有的教育精准资助政策在扶贫中起到了重要作用，扶志扶智教育政策执行主体教师对政策效果的评价具有较强的说服力。如图 5–5 所示，大部分教师都认为学校的帮扶工作有效，政策实施改善了贫困生的家庭经济条件，使贫困生变得更加励志、发展动力更强，同时提升了其综合素质、能力，使其养成了良好的学习和生活习惯。

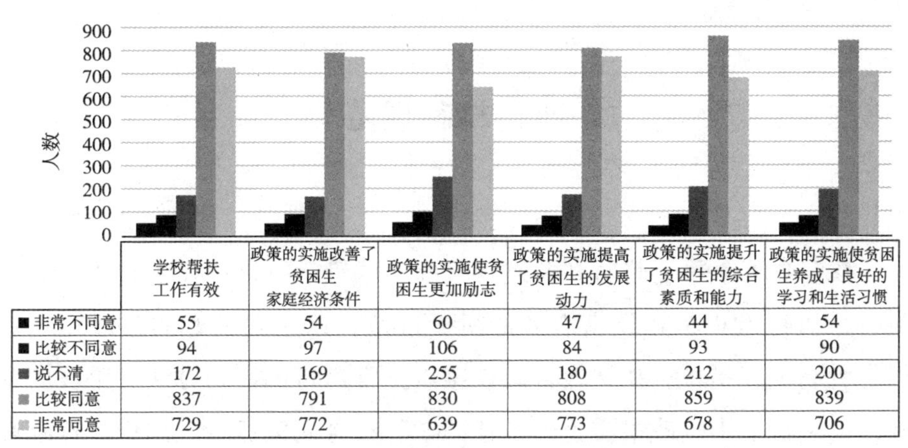

	学校帮扶工作有效	政策的实施改善了贫困生家庭经济条件	政策的实施使贫困生更加励志	政策的实施提高了贫困生的发展动力	政策的实施提升了贫困生的综合素质和能力	政策的实施使贫困生养成了良好的学习和生活习惯
非常不同意	55	54	60	47	44	54
比较不同意	94	97	106	84	93	90
说不清	172	169	255	180	212	200
比较同意	837	791	830	808	859	839
非常同意	729	772	639	773	678	706

图 5-5　政策实施效果教师评价统计

从贫困生的角度来看，据调查统计，针对贫困生更乐意长大后通过资助去帮助别人的问题，有 85.0% 的贫困生表示愿意，有 10.9% 的贫困生表示没想过，3.9% 的贫困生表示不愿意。资助政策实施后，大部分贫困生具有感恩意识和行为，表明资助在贫困生的成长过程中能够起到良好的育人效果。相比反馈中的贫困户的“等、靠、要”普遍现象，教育扶贫在让贫困户的子女感受到学校教育的温暖的同时，也助力贫困家庭改变贫困观念，形成良性的反贫困文化。“穷人基本不能依靠自己的力量去利用机会摆脱贫困之命运，因为他们早已内化了那些与大社会格格不入的一整套价值观念。”① 对于这种观念的根治和转变，教育是最好的良药，对贫困生进行扶志扶智育人是重要途径。

① 周怡．解读社会：文化与结构的路径 [M]. 北京：社会科学文献出版社，2004：139.

四、机制规范

教育政策本质上是对利益进行分配，政策运行最终要由具体的人来执行，执行过程依赖严密有效的机制规范，以达到良好的政策实施效果。机制规范是扶志扶智教育政策赖以正常运行的一切方法、手段的总和，也涵盖了影响政策实施的各项因素。教育政策运行机制指教育政策的构成、功能、各组成部分的相互关系及其工作原理等多方面的内容，包括教育政策运行的所有阶段和环节的运行机制。[①] 从优化顶层设计入手，完善系统执行机制，增强扶志扶智工作的效能，是完善政策机制规范的重要抓手。

（一）身份认定

贫困生身份认定程序需要学校、社区（村）等多个部门协同对其家庭经济情况进行认定，符合条件的贫困生才能享受贫困生资助政策。资助对象认定的具体实施通过多样化的手段确保资助对象认定程序的公平与效率，力求“目标群体精准”关于现有的贫困生身份认定程序和机制，有 84% 的教师认为“合理”，有 13.7% 的教师认为“不合理”。有个别教师在访谈中讲道：“认定程序中有些经济条件无法准确衡量，有些家长务工挣钱了，但仍然是贫困户。”（普安县东城区实验学校 L 教师访谈记录，2019-11-27）类似的认定机制在实施中出现的偏差，会造成资源的浪费，也会让政策主体对资助的公平性产生一定疑问。

① 黄明东，姚宇华．教育政策运行机制优化研究：超越理性与私利的视角 [J]. 现代教育管理，2017（5）：69-74.

关于资助资金的发放，学校有规范的程序，体现了精准扶贫的基本要求。部分学校利用教育扶贫资金的发放机会，组织家长到校进行政策宣传教育。例如，兴仁市第九小学在发放教育扶贫资助资金时让家长来学校对其进行宣传和引导，明确发放程序、时间和标准等关键要素，确保资助资金发放到位的同时，更大程度地发挥对贫困家庭的教育引导作用。

从“大水漫灌”到“精准滴灌”，是“十三五”期间我国教育扶贫工作的重大转折，基层学校和教育管理机构形成了精准识别、精准帮扶和精准管理的教育精准资助体系。但基于复杂多变的扶贫实践，也需要扶贫各部门加强协调，完善贫困认定体系，逐步构建和推广依托大数据平台展开的精准分析方法，让资助对象的认定过程在程序上具备更强的公信力。[①]

（二）组织实施

贫困生因其家庭经济困难影响面临不同层次、不同类别的帮扶需要和困难，作为帮扶学校和教师要对其困难进行及时了解，以期做到“对症下药”。据问卷调查，有 84% 的教师对贫困生的帮扶要求做过详细了解和分类，13.8% 的教师则没有，说明大部分教师在扶志扶智的组织实施方面，有较强的分类意识和系统的措施。有校长认为学校组织教师入户对贫困家庭帮扶是扶贫任务之需，但对学校和教师来说，“更重要的是通过课堂、知识传授，树立贫困生的远大人生理想，帮助他们能够适应搬迁后的新生活，彻底地摆脱贫困”。（晴隆县第六小学 T 校长访谈记录，2019-11-28）“丰富校园生活”“通过学校教育帮助贫困生顺利成人

① 曲绍卫，范晓婷，曲垠姣 . 高校大学生资助管理绩效评估研究：基于中央直属 120 所高校的实证分析 [J]. 教育研究，2015，36（8）：42-48.

成才”“立足教书育人的本职工作”等话语表达了一线教育工作者对中小学教育通过扶志扶智助力贫困生和家庭脱贫的认识和理解。

贫困生帮扶是教育工作应有之义，对贫困生的帮扶可以改变贫困家庭的观念和想法。针对教师对贫困户的家访情况，有 42.3% 的教师进行了逐户家访，有 42.1% 的教师进行了部分家访，有 10.6% 的教师是偶尔家访，有 3.1% 的教师则没有进行过家访。对贫困生进行家访，了解贫困生家庭情况是对贫困生进行有效帮扶的实施前提，认真了解贫困生家庭困难，争取让家长积极配合学校教育。有部分地区学校要求教师入户扶贫，如晴隆县第六小学安排 6 位教师对口帮扶 6 户贫困家庭，不只加强对贫困生的帮扶，而且努力带动贫困家庭脱贫致富。也有教师反馈入户扶贫的困扰：“每一次去分配到的扶贫户家里，都要看他们的脸色，如果带点米、面、油等生活用品，他们会热情接待，否则就会爱搭不理。”（钟山区第三小学 S 老师访谈记录，2019-12-15）在教师参与扶贫入户走访之后，发现比解决物质匮乏更难的是解决精神匮乏，转变“等、靠、要”等消极思想和落后观念。

（三）资助方式

贫困生资助工作的根本目的是育人，不能以经济资助代替贫困生资助的整体范畴，要在资助工作中体现人文关怀。[①] 学校教育让每一个学生不分家庭背景“站在同一起跑线上”，力争达到起点的公平。贫困的代际传递问题在现实中真实存在，“贫二代”的标签对贫困家庭孩子来说仍然会产生沉重的心理压力。据问卷调查，在教育精准资助政策实施以后有 17.6% 的贫困生“乐意接受公开资助的方式”，有 19.4% 的贫困

① 白华.高校贫困生资助工作价值取向的理性回归[J].教育探索，2014（5）：14-16.

生“愿意接受不公开的资助方式”，有 62.3% 的贫困生认为“都可以”。相对来讲，贫困生群体在易地扶贫搬迁学校数量和占比都较为集中，大部分贫困生对贫困生身份和资助方式尚没有产生较敏感的压力。

资助工作的对象是贫困生，尤其是中小学贫困生，其身心发展尚不成熟，为发挥资助育人的政策作用，需要尊重扶助对象，其重要体现就是资助方式和身份认定的私密性，尊重贫困生的人格和尊严。如有校长认为，“具体的资助工作要强调灵活运用资助方式，注重仪式感，让贫困生有资助的峰值体验”。（兴仁市第九小学 W 校长访谈记录，2019-11-27）也有部分学校设置了针对贫困生的专项奖励，鼓励贫困生通过学习成绩提升和良好的学校表现来获得奖励。对这种多元化的资助方式，很多校长认为效果明显。经济资助贫困生的决策也需要增强成本意识，建立可持续发展的补偿机制，克服一次性投入的弊端，提高资助育人效果。如有学校灵活运用资助资金，达到“根据贫困生学习成绩的进步来进行分层次奖励，鼓励贫困生积极主动学习”（兴义市东贡小学 C 校长访谈记录，2019-11-19）的效果，使得育人效果突出。

（四）评价考核

在学校考核评价工作中将对贫困生扶志扶智内容纳入考核体系，不仅反映了学校对扶志扶智的重视程度，而且事关学校对教师扶助贫困生工作付出的认可。关于对贫困生扶志扶智工作的考核评价，学校是否有具体的考核要求，据调查统计，有 78.1% 的教师表示学校有具体的考核要求，有 20.5% 的教师表示没有。关于基层教师入户扶贫政府和学校是否有系统的组织和实施制度，有教师在访谈中提及：“学校对入户扶贫有系统的要求和考核，要求共产党员身先示范。”（赫章县白果小学 Y 老师访谈记录，2019-11-21）上级政府管理部门传达的扶贫指令和要求成为学校组织教师入户扶贫的主要动力来源，“依学校教育，扶社会贫困”

体现了学校教育在脱贫攻坚过程中对社会的贡献。

关于贫困生的学习情况，中小学对学习成绩的提高和转变均有较系统的考核机制和评价机制。有校长更是直言不讳，认为：

> “对贫困生扶志扶智需要侧重于班级学习成绩，更多关注贫困生的在校生活和学习。”“将教育扶贫工作纳入年度工作考核内容，定期督导检查贫困生、特殊群体学生在校学习生活、学生资助政策落实等教育扶贫工作情况；定期对教育扶贫工作推进情况进行检查督办通报，纳入年底综合考核。”
>
> （兴仁市第九小学W校长访谈记录，2019-11-27）

毋庸置疑，对贫困生的扶志扶智不仅需要结果性评价，考核是否公开、公正地将扶贫帮困物资和资助资金及时精准地发放到困难学生家长手中，也需要加强对扶助的过程性评价，注重过程的“春风化雨”式的扶助更能让每一位贫困生感受到学校的温暖和社会的关爱。

（五）协同配合

扶贫事业是一项综合性的系统工程，从事教育扶贫的组织和机构不可避免地要与社区、政府、公益团体等其他社会组织协同配合，对贫困生的扶志扶智也离不开家长和社会的支持与协同配合。从参与被访的教师反馈来看，有 83.1% 的教师认为家长会认同并配合教师对孩子的教育工作，有 16.2% 的教师则认为少数家长由于教育观念差异并不支持配合教师的教育工作。关于教师对贫困生的扶志扶智要与政府、社区、学校等同步进行的观点，分别有 50.1% 和 39.0% 的教师持“完全赞同”和“比较赞同”的观点，相比之下，分别有 2.9% 和 3.9% 的教师持“完全不赞同”和“比较不赞同”的观点。从以上调查结果来看，贫困生扶志扶智需要教师同多个机构或部门协同配合，共同施力，才能有更好的扶助效果。

分别有39.8%和23.2%的教师对“教师只是在执行上级管理部门扶贫指令”的观点“比较赞同”和“完全赞同”，分别有14.5%和14.4%的教师对以上观点持“完全不赞同”和“比较不赞同”，另外8%的教师对以上观点则“说不清”。从以上数据可看出，教师在扶贫政策实施过程中较多人只是在被动地完成上级部门的安排，并没有主动参与扶贫活动。

社会力量的广泛参与在教育扶贫开发的过程中能够发挥其天然的优势，它由于有着较强的灵活性，能够弥补政府教育扶贫的“短板”。然而目前的教育扶贫模式很大程度上还停留在以传统的政府单一主体为主导的模式，强调的是以政府自上而下的行政推动，社会主体的缺失现象较为普遍。在贫困群体日益动态化的当下，这种单一的教育扶贫治理模式是难以应对和满足多样化脱贫诉求的。

调研地区部分学校在做好对口支援单位配合工作之外，能够积极主动地联系社会公益团体、组织等社会力量对贫困生进行捐赠，如望谟县等积极引进浙江等发达地区公益团队对自身进行帮扶，在这些公益团队送达物资并考察离去之后，如何使这些物资资助发挥长效扶助作用，是学校教育面临的一个问题。社会力量是教育扶贫的重要部分，当前社会力量捐助活动在调研学校中不同程度存在，但通过捐助物资进行扶志扶智的长效机制构建不足，使得真正的育人效果尚显不足。因此，要进一步落实社会力量参与教育扶贫的激励政策，鼓励公益性社团、企业等参与教育扶贫工作，进一步完善社会力量参与教育扶贫的制度和机制建设。

（六）影响因素

政策在实施过程中受到来自实践的众多因素影响，教师作为扶志扶智教育政策的重要执行主体，对影响因素的认识和理解具有较客观的反映。因此本研究在调查问卷中采用Likert-type五点式问卷，从教师的角度来辨别政策实施过程中的影响因素。见表5-1。

表 5-1 影响因素筛选表

单位：人

观点	完全不赞同	比较不赞同	说不清楚	比较赞同	完全赞同	缺失	合计
教师是政策执行的重要力量	67	156	161	919	616	16	1935
教师缺乏具体的、可操作的方法	150	218	221	779	553	14	1935
扶志扶智要紧密结合日常教学的开展	58	76	160	965	664	12	1935
教师缺乏扶志扶智专题培训	172	211	198	747	591	16	1935
政策执行缺少对少数民族文化差异的关注	169	201	227	862	464	12	1935
学校制定有效的配套制度才能执行政策	98	129	201	923	574	10	1935
上级部门没有充分重视扶志扶智	469	351	197	542	367	9	1935
教师只是在执行上级管理部门扶贫指令	273	272	151	750	478	11	1935
教师扶志扶智要与政府、社区、学校同步进行	55	73	77	774	944	12	1935
贫困户致富脱贫的主动性非常重要	32	51	66	694	1083	9	1935
家长对教师的配合和支持非常重要	39	49	65	588	1187	7	1935

从表 5-1 中可以看出，首先，教师对“贫困户致富脱贫的主动性”和“家长对教师的配合和支持”非常重要的观点认同度最高，因为教育扶贫需要直面扶贫主体的观念、信心等思想层面的痼疾，而思想观念的制约是影响教育扶贫工作开展最重要的因素；其次，教师对“教师扶志扶智要与政府、社区、学校同步进行”的观点认同度较高，依教师个人之力，无法根治贫困问题，教育扶贫工作的开展需要各个部门、组织群策群力、协同配合；再次，教师对“教师是政策执行的重要力量”“扶志扶智要紧密结合日常教学的开展”这样的扶志扶智教育政策观念持比较

认同的态度；最后，对“教师缺乏具体的、可操作的方法”“教师缺乏扶志扶智专题培训”“政策执行缺少对少数民族文化差异的关注”“上级部门没有充分重视扶志扶智”“政策执行教师只是在执行上级管理部门扶贫指令”等存在的问题也有较多教师认同。

从对教师测评的数据来看，中小学教师对扶志扶智教育政策实施的必要性非常认同，认为贫困生、家长等帮扶主体的内在观念和发展主动性非常重要。此外，影响和制约扶志扶智效果的因素是综合起作用的，对贫困生及其家庭扶志扶智的实施是制度、执行、协同等多因素共同作用的过程。

五、制度环境

任何一项政策的执行，都必然是处于特定的环境当中，政策实施的效果会受到政策环境的制约，影响政策实施的效果与效率。因此，只有在充分了解一项政策所处具体环境的基础上，才能够克服政策执行的潜在障碍，提高政策的目标达成度及其稳定性。

（一）制度保障

顶层设计是决定教育扶贫攻坚目标达成的关键，其中，制度建设又是教育精准扶贫顶层设计的重要组成部分。当前，有必要对教育精准扶贫的制度框架进行系统谋划，进一步加快推进教育扶贫开发的法治建设，从而为教育精准扶贫战略实施提供法律制度保障。

关于学校层面制度的调查，在问卷统计中，有 83.6% 的教师反馈学校有扶志扶智的具体制度，而有 15.2% 的教师认为没有。从数据可以看出，绝大部分学校对扶志扶智教育政策的实施都有相应的制度，这为政策顺利开展、取得良好效果提供了可靠保障。但仍有少部分学校制度建立迟缓，未能真正使政策“入脑入心”，对于其中的缘由，有校长认为：“我们这类学校（易地扶贫搬迁安置学校），由于建校时间短，领导班子也是几个学校凑起来的，学校的制度建设和学校文化都相对缺乏。”（兴义市万峰小学Z校长访谈记录，2019-11-14）在访谈材料的分析中，新建易地扶贫搬迁安置学校硬件条件优越，但普遍存在“内涵建设不足”“学校文化传承不够”“师资队伍年轻化”等情况，“制度建设未成体系”也是其发展瓶颈，单纯地从其他学校“直接拿来，唯我用所”存在没有将具体问题进行具体分析的问题。

现有的贫困生扶志扶智政策中关于贫困生的励志奖励的内容多存在于宏观的国家和省级政策体系层面，而对贫困生的资助细节则体现在系统的实施方案之中，在市（州）和县一级政策体系之中往往体现在各种较为细化的规章、条例，自上而下从不同环节不断细化，同时显得体系庞杂。最基层的学校配套制度则成为政策体系最底层的关键环节。问卷同时针对教师设计了关于学校是否有贫困生的励志奖励问题，据统计，有86.3%的教师表示学校有励志奖励，有12.7%的教师表示没有。诸多学校采用了多种活动形式助推贫困家庭观念转变与技能提升，如开展“小手拉大手”“点赞台”“曝光台”“家长讲堂”等活动，诸如此类的活动能够有效激发基层学校活力，创新学校扶志扶智形式，丰富学校教育内容。

扶志扶智教育政策在学校有相应的制度作为保障是顺利取得政策效果的重要条件，学校若无具体的操作制度，会使教育政策只存在于“文件”或“会议纪要”之中，使教育政策实施无实质性进展。这样缺乏配套制度的政策体系看似严谨一致，能够对基层的执行实施管理，但类似“一刀切”的方式，会使政策的执行和控制变得越发具有强制性，使基层人员在执行中产生抵触情绪，使政策、规章流于形式。

规章制度的出现不断完善了整个教育政策体系。一方面，规章制度使扶助有效地进行；但另一方面，如若制定过多制度，则会造成资源浪费，也会使政策执行者较为混乱。因而要确保制度的合理、有效性，要及时对制度进行改进，增强扶志扶智教育政策实施的实际效果。

（二）资源配置

优质教育资源共享的思想是教育扶贫的重要指导思想和行动指南，也是实现扶志扶智的重要抓手。习近平总书记在党的十九大报告中提出："中国特色社会主义进入新时代，我国社会主要矛盾已经转化为人民日益增长的美好生活需要和不平衡不充分的发展之间的矛盾。"在教育领域，人们对优质教育资源的需求越来越强烈，人们不仅要求"有学上"，还要"上好学"，贫困地区同样需要优质均衡的教育资源，才能进一步缩小城乡和地域教育差异，才能真正落实教育扶贫政策。面对不同教育阶段的教育发展需求，在扶贫过程中建立健全优质教育资源共享机制，促进教育均衡发展势必会成为新的发展方向。

贵州省近年来在国家扶贫政策的指引下，加大教育资源投入。课题组每到一所学校调研，学校的硬件设施、办学条件令课题组感到惊讶，易地扶贫搬迁安置学校从原有贫穷积弱的基础之上，甚至从零的基础之上，在 1 ～ 2 年的时间内建成现代化的校园，不愧为贵州大地上的"扶贫奇迹"。贫困生和贫困家庭在党和国家的政策实施下享受了前所未有的惠民措施，"能上学"和"不失学"的目标得到了根本保障。全方位提升贫困地区教育发展水平，为阻断贫困代际传递奠定了坚实基础。同时，优质教育资源共享也是教育扶贫的有效机制。开展跨地区战略性协作，携手打造共建共享共赢机制，将使更多的优质教育资源源源不断地输送到教育资源薄弱地区，更多的教师、学生将因此受益，使教育扶贫工作进一步深化。

据有关部门数据统计，2019 年，全国累计资助学前教育、义务教育、中职学校、普通高中和普通高校学生（幼儿）10590.79 万人次（不包括义务教育免除学杂费和免费教科书、营养膳食补助），比上年增加 789.31 万人次，增幅 8.05%；累计资助金额 2126 亿元（不包括义务教育免除学杂费和免费教科书、营养膳食补助），比上年增加 83.05 亿元，增幅 4.07%。学生资助资金连续 13 年保持快速增长。[①]《2019 年中国学生资助发展报告》指出，"2019 年全国资助人数和资助资金持续增长"，学生资助工作方面"资助育人方式进一步拓展"[②]。

贵州省自 2017 年以来实施教育精准扶贫政策，数以万计的贫困家庭学生享受到了资助政策，据有关部门统计数据，贵州省 2018 年累计资助金额 120.6 亿元。例如，黔西南布依族苗族自治州截至 2019 年，全州共下拨资助资金 8.1 亿元，资助学生 69.2 万人次；同时，做好易地扶贫搬迁就学的接转衔接工作，在全州 36 个新市民居住区新建配套学校 149 所，新增就学学位 53892 个，全面解决了易地扶贫搬迁随迁子女的就近入学问题。

教育资源流动和分配在扶贫过程中以政府自上而下的推动为主导力量，将教育公平和均衡发展作为重要的价值取向，依据向弱势群体进行补偿的扶贫策略，对贫困生及其家庭进行了精准资助。历史上前所未有的扶贫政策福利使得易地扶贫搬迁的群众"不仅从生活环境上有了翻天覆地的转变，而且有了优质的教育资源，过上了美好的幸福生活"。（兴义市洒金中学 S 校长访谈记录，2019–11–13）贫困家庭子女"能上学"的愿望得到根本保障，"不让一个孩子掉队"的目标也得以实现。有部分家长认为"在易扶点，我们的孩子能够上好学校"（晴隆县阿妹戚托小镇易地扶贫搬迁安置点家长访谈记录，2019–11–28），能够"上好学"

① 全国学生资助管理中心．2019 年中国学生资助发展报告 [N]. 人民日报，2020-05-21（6）.

② 全国学生资助管理中心．2019 年中国学生资助发展报告 [N]. 人民日报，2020-05-21（6）.

某种程度上也是易地扶贫搬迁群众能稳定地生活在易地扶贫安置点的重要原因，“上好学”的优质教育资源已经成为贫困家庭的主要诉求。

各级学校以国家和省级政策为基础，不断创新教育扶贫内容和形式，努力提升学校教育质量和扶贫效果。如现有的营养餐制度，各中小学都有明确的管理和监督制度，并由家长、社会代表参与监督管理，要求食堂明厨亮灶，规范的管理制度确保了营养餐服务的良好落实。从问卷统计来看，关于贫困生对学校的营养餐的评价，有 62.1% 的贫困生持“满意”的态度，有 22.9% 的贫困生认为“一般”，有 11.3% 的贫困生“不满意”。从中可以看出，大部分贫困生对营养餐的质量表示满意，通过个别访谈得知，少部分“不满意”的学生也只是集中对种类和口味的不适应，期待营养餐的种类和口味能有所改进。同时，个别学生也表现出对家庭生活的依恋和对学校生活的不适应，如问卷统计中，关于现在的学校和搬迁之前的学校相比的问题，有 51.2% 的贫困生选择“更喜欢现在的学校”，有 17.4% 的贫困生选择“喜欢搬迁之前的学校”，有 30.9% 的贫困生则选择“差不多”。

从学校层面来看，现有校园文化建设独具特色，因扶贫而建的易地扶贫搬迁学校营造出处处感恩、时时励志的育人文化氛围。例如，望谟县第五中学在教学楼设立“感恩园”，引导贫困生感党恩，将食堂称为“感恩食府”；晴隆县第六小学设立宣传栏，对搬迁前后的学校环境进行对比，教育贫困生懂得感恩，同时使贫困生继承发扬艰苦奋斗的传统；望谟县第三小学将对口援建的图书馆命名为“梦想图书馆”，鼓励贫困生追梦寻梦。诸多学校采取了丰富的激励制度，表彰贫困生群体中的先进个人和典型事迹。教师问卷统计数据显示，在参与调查的教师中，有 86.3% 的教师表示“学校有关于贫困生的励志奖励”。

（三）教师投入

教师作为扶志扶智教育政策的重要执行主体，其投入对政策效果的保障具有重要作用。没有稳定的高水平的师资队伍留在乡村学校任教，无论多么有效的教育扶助，只能使学生享受接受教育的权利，却无法解决教育质量和人才培养的根本问题。[①]高水平的教师队伍以及教师全身心的投入，能够为贫困生提供温暖的关爱和有效扶助，从而从根本上有效解决贫困生的志向信心缺乏、生活困难等发展瓶颈问题。

对贫困生进行家访，了解贫困生家庭情况是对贫困生进行有效帮扶的实施前提，同时家访也是教师对贫困生教育帮扶投入与否的重要表现形式。在贫困生反馈的家访情况统计中，有 37.5% 的贫困生反映学校教师没有对其进行过家访；有 62.5% 的贫困生反映教师对其进行过家访，其中有 23.4% 的学生表示教师对其进行的家访每学期超过三次。从中可以看出，大部分教师对贫困生进行过家访，进行家访的重点在于了解影响贫困生学习的家庭因素，争取促进家庭教育观念的转变和家长对学校教育的理解支持。学生反馈的家访情况统计与教师问卷显示的数据大致相符，在对教师的问卷统计中，有 42.3% 的教师对贫困户进行了逐户家访，有 42.1% 的教师对贫困户进行了部分家访，有 10.6% 的教师对贫困户偶尔进行家访，有 3.1% 的教师对贫困户没有进行过家访。

教师通过家访能够更全面地掌握贫困家庭的困难和需求，做到帮扶精准有效。对于家访的感受更多教师通过令其印象深刻的个案来说明，如有教师讲述深入贫困家庭家访却吃“闭门羹”的遭遇：

“我们最近进行了一次大走访，我们争取对每一个易扶点的孩

---

① 葛天博，潘聪．略论教育救助的政策供给、执行偏差与多元对策 [J]. 山西高等学校社会科学学报，2013，25（9）：28-33.

子都要走访到，共38个孩子。我们第一次去就遇到了‘闭门羹’，敲门没人理会，打电话给孩子爸爸说不在家，其实是在撒谎……等孩子打开房门我们进去的时候，发现家长就在卧室里睡觉，屋里酒气冲天，家长应该是酗酒了，说话语无伦次。”

（钟山区马坝小学W老师访谈记录，2019-10-22）

类似的不良生活习惯和对孩子学习“不闻不问”和“漠不关心”的态度让贫困家庭的生活举步维艰，使其生活陷入贫困的恶性循环。经过深入了解，个案讲述者W老师对这个贫困家庭的生活状况总结为：“孩子母亲因为嫌家庭贫穷，另外孩子爸爸常年酗酒，没有上进心，让孩子母亲根本看不到过好日子的希望，所以很早就离开了父子两人。”单亲的家庭生活使贫困生在家庭生活中缺乏父母的关爱，家庭物资的匮乏与精神的贫困交织在一起，使达到真正扶贫和贫困生健康成长的目标在现实中变得异常困难，使贫困家庭的扶志扶智也显得迫在眉睫。

对贫困生帮扶是教师育人工作应有之义，如何帮扶则需要针对贫困生的不同需要和困难进行分类施策。据统计，在参与问卷调查的教师中有84%的教师对贫困生的帮扶要求做过详细了解和分类，只有13.8%的教师没有。教师主动参与扶贫对做好贫困生扶志扶智来讲至关重要，找到贫困生的具体困难和帮扶需求，因人而异，对症下药，才能充分发挥扶贫的帮扶功能。通过访谈了解到，在主动深入贫困家庭进行家访后，教师对贫困家庭致贫原因的表述主要为“落后观念和生活陋习”“贪图享受”“不知感恩”“过于功利”等负面评价与感受，反映了当前部分贫困家庭在精准扶贫政策实施后处于被动的“资助养懒”状态，过于注重钱和物的获得，而忽视对子女成长及其学校教育的重视与投入。

在调查中，有79.5%的教师表示参加过对贫困户的入户扶贫工作，有19.4%的教师表示没有参加过。个别教师认为家访是受学校领导要求和考核约束，并不是源于内心对贫困生家庭的扶助，甚至家访之后产生了对贫困户“不劳而获”的鄙夷情绪：

“有时候看见他们（贫困户）没有经过努力付出就获得那么好的住房，还享受政府补助，而我们辛辛苦苦地工作，拿着微薄的工资收入养家糊口，偿还房贷，真是觉得心理不平衡。”

（贞丰县第八小学Y老师访谈记录，2019-12-24）

传统的突出接济效应的扶贫模式在实施之后，不仅使贫困户产生了被动依赖心态，也使参与扶贫的教师主观上产生不公平感受。随着精准扶贫的不断深入，教育扶贫也必然要求从传统的“救济式”扶贫转向“造血式”扶贫，通过构建不同层次教育协调发展新机制，努力提升贫困家庭和贫困生的内生发展动力和主动致富技能。

（四）教师培训

教师是扶志扶智教育政策的重要执行力量，其专业化水平是政策能够有效落地的保障，而提升教师政策执行能力的重要途径便是参加培训。从现在教师参与培训的调查来看，有65.9%的教师表示接受过专门的扶志扶智培训，有32.8%的教师表示没有参加过。从教师的访谈来看，部分教师认为现在“教师培训多采用线上、网络的方式进行，培训容易流于形式，实质效果不好”。（安龙县天菇小学H校长访谈记录，2019-12-12）从教师培训的具体实施效果来看，培训力度不大，培训覆盖范围较小，致使部分教师无法正确认识到扶志扶智政策的观念和要求，进而影响到政策的实施效果。

易地扶贫搬迁安置学校由于建校时间短，尽管政府将优质资源配置给此类学校，但仍有部分校长反馈师资队伍呈现年轻化，教师的专业能力有待通过在职培训进行提升。贫困地区社会经济贫困使中小学教育资源短缺，优秀师资的缺乏，影响教育质量提升，同时，这种现象还会导致地区社会发展缓慢，人才培养质量低下，最终出现周而复始的恶性循环。打破这种怪圈的最好办法就是加强师资培训，使贫困地区中小学拥有优秀师资力量，才能使扶志扶智效果和质量得以保证。

教育扶贫尤其是扶志扶智不仅仅在于钱物资助或资源分配，其价值和投入都无法用精确统一的数据和模式进行评价。资源投入的重要体现是加强对教师的培训，努力提升在职教师的扶志扶智执行能力和水平，进而充分发挥通过成功育人阻断贫困代际传递的功能。教师培训的关键在有的校长看来：

> “对教师而言，扶志扶智就是自己的本职工作，二者是融为一体的。要通过有效的培训让教师明确自己育人工作的神圣职责，还讲台给教师，尊重其教育教学的能动性，发挥育人的主动性和教学艺术性。”
>
> （兴义市洒金小学X校长访谈记录，2019-11-13）

从中可看出，校长渴望通过对教师进行培训让教师更加明确扶志扶智的职责，增强自身育人工作的主动性。

对教师培训的投入具有长期性效益的特点，这一点与扶志扶智的功能发挥不谋而合。对贫困生的扶志扶智能够产生的收益并非直接的、快速的，而是要历经一个知识转化为财富的周期，这是由扶志扶智特质所决定的客观规律；脱贫攻坚的时限性决定了直接的、立竿见影的帮扶措施更符合贫困户现阶段需求。同时，扶志扶智的以上特质决定了相较于其他扶贫举措吸引力不足的弊端，诸如“在充满功利色彩的当代社会环境中，学校教育不被重视，教师社会地位不高”（钟山区第三小学S老师访谈记录，2019-12-15）的窘境确实存在，致使“读书改变命运”的教育价值观在当今物欲横流的社会中变得风雨飘摇。

第六章　扶志扶智教育政策实施存在的问题及原因分析

通过前述的对中小学贫困生扶志扶智政策实施现状的调查与分析可知，在我国扶志扶智教育政策保障方面存在一些薄弱环节和不足，归纳而言，主要集中在以下方面。

一、从政策实施的文本来看

（一）政策文本的专门性不强

现有扶志扶智政策分散存在于国家和各级政府发布的关于教育扶贫的政策文本之中，关于扶志扶智的政策内容与教育精准资助文本结合在一起，尚没有形成专门的、针对性强的扶志扶智教育政策。扶志扶智与精准资助，究其功能而言，精准资助的全覆盖是“治标”，治本之策是“扶志扶智”，彻底解决贫困生的成长困难，为贫困生顺利接受学校教育、实现其全面发展而助力才是长远的政策实施目的。从这一点来看，扶志扶智离不开精准资助，资助是手段，育人才是目的。现有的政策文本对精准资助政策有全面的要求和执行细则，但对扶志扶智的政策表述内容较少，扶贫扶智政策目标模糊笼统，使学校和教师难以在实施中具体操作实施。从扶贫实践来看，钱物的精准资助已全面到位，通过“输血式”资助手段达到育人目的的政策初衷和目的效果不佳，很多家长和贫困生内生性发展动力不够，感恩意识和观念不足。因此，现阶段急需制定和出台专门的、系统的扶志扶智教育政策文本。

（二）配套政策措施不完善

通过对政策文本的分析可见，现行政策正在积极引导贫困生的帮扶工作从“输血式”向“造血式”转变，努力建立长效工作机制。但从具体的政策内容来看，如何精准资助等各项措施需要明确，政策目标往往只细化为资金资助和发放，如何通过资助实施有效的教育，达到真正的育人目的缺乏相关的配套政策措施。学校如何做，教师如何落实，没有细化的政策描述。“一刀切式”的政策机制往往容易使政策执行流于形式，单纯追求指标的达标，使真正的育人效果难以保证。现有的贫困生帮扶实践一方面过度依赖教育的经济社会功能，另一方面对教育扶贫功能发挥的长效性和基础性作用忽略不计，急功近利，对政策效果的考核评价也普遍注重帮扶的数据和速度。配套措施不完善让基层教育者感到“无所适从”“不知从何处下手”。中小学更多地在完成上级行政管理部门的扶贫安排指令，对政策实施对象的主要贫困类型及贫困程度缺乏系统了解，在实施过程中缺乏系统的分类帮扶措施。

二、从政策目标和实施主体来看

（一）贫困生面临多种贫困类型，成长困难庞杂

从调查来看，中小学贫困生的经济贫困与心理贫困、精神贫困、文化贫困等其他贫困类型错综复杂，面临较重的成长困难。贫困生群体，尤其是易地扶贫搬迁安置的中小学贫困生，由于环境的变迁和生活方式习惯的改变，更容易产生自卑、敏感、焦虑、抑郁、自我封闭等心理和一些问题行为，少部分贫困生表现出胆怯、退缩、表情冷漠、语言刻板等。学校单一僵化的应试教育模式使原本学业基础不好的贫困生面临着较大的学习压力，使其极易转化为学困生。贫困生在学校生活中的快乐

学习体验减少，成就感不强，致使其慢慢对学习失去兴趣，丧失自信，导致极少数贫困生容易转化为辍学或濒临辍学的学生。不仅如此，贫困生的家长由于经济困难，整天忙于务工和生计，陪伴子女的时间少，无法有效管教孩子。而且贫困生家长大部分没有受过良好的教育，无法对孩子进行良好的家庭教育和学业辅导，其教育观念不科学，思维方式过于简单化，语言和管教行为呈现粗暴性的特点，家庭教育以粗暴简单的专制型和不管不顾的放养型居多。贫困的教育资源和单一的家庭教育模式使贫困生面临着学习资源紧缺、学习习惯差和问题无法得到及时解决等多重困难造成的不利生存困境。

（二）贫困生的帮扶需求呈现多样化、差异化

贫困生群体中个体的帮扶需求既有共性，也存在较大差异。当前中小学贫困生存在志向不足、学业负担过重、学习障碍、文化适应等各方面的问题，现有的资助政策能够很好地帮助贫困生缓解经济上的困难，确保了国家政策目标不让每一个孩子因贫困而辍学的目标实现，但其精神层面、能力层面的缺乏并不是仅仅依靠物质、经济资助就能解决的，单纯的经济资助不能解决他们由于经济贫困而造成的自信心丧失、自卑感重、缺乏主体责任意识、心理素质脆弱的问题，也不能解决他们创新实践能力较弱、爱好特长欠缺、社会适应能力较弱、综合素质不强的困难。这些都是制约贫困生健康成长的深层次问题，这些问题不及时解决，就很有可能影响贫困学生的成长成才，甚至会出现因学致贫、因学返贫的极端现象。扶志扶智让贫困学生及其家庭精神脱贫和能力拓展是当前资助育人工作中的关键环节，推进育人体系改革，实现从“保障性资助”到“发展性资助”是当今的时代要求和任务。

（三）社会重视不够，观念不强

从家长、社会的了解来看，贫困生家长对教育扶贫政策的需求并不迫切，认为扶贫政策重要的是给钱给物，甚至有贫困生家长在结束访谈后仍喋喋不休，讨要钱物。政策参与的主动性也十分有限，很多教师反馈，部分家长“更看重政府会资助他们多少钱，对于孩子的教育而言，孩子听话就可以了”。究其原因，贫困户多年来养成了“被动式”的接受习惯，深陷“重物质轻精神”的功利主义贫困文化藩篱之中，邻里之间互相效仿，形成了一种被动式的群体性贫困文化。“读书无用论”的观念仍然存在，“因循守旧、安于现状”的想法仍然充斥在贫困户的群体之中，甚至越发根深蒂固，难以扭转。对新的科学技术、现代观念重视不足，乃至把教育培训当作农闲时节可有可无的事情来做[①]。对教育所产生的阻断贫困代际传递功能的重要性和教育扶贫政策认知不足，“读书改变命运，教育改变人生”的价值观未充分建立，忽略通过学校教育获取知识进而改变贫困的巨大效应。

三、从政策执行过程来看

（一）政策监督力度不够

监督与反馈贯穿于教育政策执行全过程，是教育政策执行科学化、民主化和法治化的重要保障。建立政策执行网络的科学监督反馈机制，一方面能够发现教育政策本身的问题，另一方面有助于分析执行中的偏

① 广少奎，时念新．教育实践问题的理论思考[M]．长春：吉林人民出版社，2006：54.

差。[①]政策具体执行如果缺少必要的监督，就会使政策目标形同虚设。从政策文本的分析结果来看，关于扶志扶智教育政策的监督机制论述相对较少，问责机制和评估机制在政策文本中的规定不全面，已有的规定也只是一语带过，如何监督评估缺乏具体的可操作性的描述。在实际教育实践中，对扶志扶智工作尚未形成有效完备的监督体系，究其原因，一方面尚未形成专门的政策文件，另一方面缺乏一套具体的评估标准对中小学贫困生扶志扶智政策实施的效果进行具体评测，监测指标也未建立，没有形成对具体工作的引导、评价和反馈。政策监督机制的缺乏和监督的力度不够导致政策执行效果不好，使执行者在政策执行过程中出现问题后互相推卸责任。

（二）政策执行重学业成绩等量化的政策指标，弱化志与智的扶持效果

现行的政策执行模式是自上而下的指标下达或以项目制为主，这种具有刚性的压力体制使一些地方政府和学校不得不采取通过完成指标数量应对等表面行为，盲目追求学业成绩等量化的政策指标完成的数量和速度，陷入追求帮扶速度和数量的怪圈。这种政策应对模式又使教师自身的教育行为与扶贫指令完成产生“两张皮”现象，政策执行出现阻滞，执行主体产生消极应对态度。

① 邓凡．教育政策执行的网络模式研究[D].长春：东北师范大学，2011：69-87.

四、从政策实施的环境来看

（一）重资源分配，轻育人效果

在教育扶贫领域，物质扶持和资源分配都是政策手段，政策的目的是育人，即教育扶志扶智是以人的思想观念引导、知识文化传递、能力素质提升为其根本任务，致力于培养全面发展的人。这样的根本任务决定了对贫困生的扶志扶智必定是一项“滴水穿石”“润物无声”式的教育工作，“心急吃不了热豆腐”是对扶志扶智过程的最好描述。然而，在具体的政策实践中，无论是学校教育的管理者和实施者，还是家庭、社会的协同配合者，都过于注重资源分配，急功近利，急于求成。长效性的政策环境支持远远不够，贫困生扶助的规范和机制也是各个执行主体在被动地接受自上而下的执行指令，真正用心育人、用温暖感化人的教师行为和教育活动难以在现行的制度配置中得到大力倡导和有效激励。

（二）教师培训不足，造成教师政策执行能力不够

教师作为贫困生扶志扶智的关键行动者，与学生、家长和各政策主体的互动频繁，教师在扶志扶智方面的专业素养与教育政策的执行效果息息相关。一定程度上讲，课堂教学和学校教育是教师实施扶志扶智行为的主战场，在日常教学中充分保障对贫困生的育人效果是扶志扶智教育政策执行的重要载体。中小学教师具有较繁重的教学工作任务，为不同学科背景、专业基础和管理岗位的教师提供分层分类的专业培训有助于教师更好地吸收教育理念，并且有针对性地将培训内容运用于实际教

学之中。通过调研发现，部分教师对贫困生的扶志扶智缺乏较明确的认识和理解，主要在于专业的培训参与较少，仅限于“配合学校和上级部门将扶贫资金准确发放给家长”的基本工作，对育人的目标执行重视不足。因此，要进一步强化教师在教育政策执行方面的专业培训，强调教师之间配合，多学科、多途径地对贫困生进行综合扶志扶智。

第七章　加强和改进中小学扶志扶智教育政策的建议

基于对贵州省中小学贫困生扶志扶智教育政策实施的实地调查与数据统计分析，结合当前党和国家对教育扶贫工作的精神与要求，本章针对存在的不足与问题，提出切实可行的政策建议，并起草“关于进一步加强中小学贫困生扶志扶智教育的实施意见（代拟）”，以期为下一步扶志扶智教育政策工作开展提供可靠的建议和帮助。

一、政策建议

对中小学贫困生进行扶志扶智教育是较为庞大的系统工程，以教育精准扶贫资助政策为基础，政策执行受各方面的影响。根据本课题调研的政策实施现状、存在的突出问题及原因分析，从政策执行的视角，提出相应的政策改进建议。

（一）政策观念和宣传方面

1. 转变政策观念，提高资助育人意识

资助是手段，育人是目的。通过有效实施国家教育精准资助政策达到良好的育人效果是贫困生扶志扶智政策实施的重要基础。在当前资助政策实施的过程中，从省级方案的制定实施，到县级层面的具体实施，再到对每一名贫困生的精准资助，基本上都是精细化的资金资助管理与实施，缺乏对资助育人政策目标的完全理解和良好运用。加强对参与扶志扶智的如校长、教师、资助管理人员等实施主体的培训，增强实施主体对政策育人目的的认识，进一步加强资助工作的内涵建设，提升扶志扶智效果。加强自上而下的业务融通，建立全方位资助育人体系，以扶

志扶智为目的，减少因盲目追求物质资助使贫困生家庭产生的“等、靠、要”等不良心理现象，引导贫困生形成感恩励志、奋发图强、自信自立的良好人格品质和精神面貌。各级学校的政策执行者要进一步转变政策观念，主动参与政策执行，达成全方位的资助育人政策体系实施共识，普遍形成以受资助促成长为荣、以受资助养懒为耻、鄙视资助养懒的良好社会风气。

2. 加强政策宣传，营造良好政策氛围

政策的宣传与解释是政策执行过程中不可或缺的重要环节。要通过加强政策的宣传，使各方面理解政策的实质、目标和要求，使政策得到各方面的支持和主动参与，争取得到来自目标群体和参与群体的理解、认同和支持。从家长的角度来说，通过学校、网络等多种途径、形式对家长进行讲解和宣传政策精神，让家长多方面地深入了解政策内涵，提高家长对政策的认知水平，从而逐渐形成全社会都理解和支持扶志扶智政策执行的良好氛围。从学校的角度来说，学校通过感恩教育、责任教育、励志教育等形式，塑造学生感恩上进、奋发图强的良好精神品质，使扶志扶智政策取得良好的预期效果。从学校的管理人员和教师的角度来说，要求学校各级管理人员和教师深刻理解扶志扶智教育政策的精神实质，自觉地在思想上和行动上支持政策。从学生的角度来说，加强对学生的宣传，不仅要让学生明白政策的相关内容，更要让学生知晓国家的资助政策是为了让学生更好地学习和成长，使学生做到好好学习、健康成长。综上所述，从不同的角度、不同的途径进行政策宣传，在政策的执行主体、目标群体中营造人人重视资助育人的社会文化环境，为扶志扶智教育政策有效执行提供良好的政策执行环境。通过加强政策宣传，使政策精神深入人心，让学生从发展的角度和健康的世界观、人生观、价值观来认识扶志扶智政策对自身发展的重要价值。建立重视贫困学生、体现教育公平的校园文化，这将有利于扶志扶智教育政策的有效和长期执行。

（二）政策组织和执行方面

1. 尊重贫困生主体地位，优化政策执行环境

教育政策目标的实现既需要良好的政策执行环境，也需要提高政策执行的灵活度。对贫困生的扶志扶智教育要从贫困生的实际需要和成长特点出发，分类施策，精准发力，因人、因地、因校制定切实可行的扶志扶智方案和具体措施，充分发挥育人工作的创造性特点。贫困生的成长障碍因素不同，它们有不同成因，贫困的类型除物质贫困、经济贫困之外，还有精神贫困、能力贫困、心理贫困等类型，要充分重视导致贫困的主要矛盾和影响因素，科学判断，在确保每一个学生不因家庭经济困难而辍学之外，有效拓展贫困生的成长空间和发展上限。突出贫困生的主体地位，尊重其发展的选择权利，杜绝因目标群体缺少话语权而产生的政策执行上的失语问题，为贫困生提供适合自身的有温度、有质量的教育帮扶。

2. 健全激励约束机制，提高政策执行效果

当前政策体系中对各级政府及相关职能部门的责任规定体现充分，但缺少对其明确的激励、约束措施。机制设计理论提出“激励相容”的观点，认为要通过激励措施使活动参与者在追求个人利益的同时能够达到设计者所设定的目标。奖惩和激励约束机制的缺乏会影响政策的执行效果，会出现“上有政策，下有对策”的消极应对情况。建立健全针对各级政策执行主体的激励机制，调动各级扶志扶智主体的积极性，确保资助育人政策落到实处。制定严格的约束机制，对违规违纪行为进行严

肃处理，保证扶志扶智教育政策得到有效执行。建立以绩效为导向的学校、教师的激励约束机制，将扶志扶智纳入专项督导内容和考核评价体系，明确评优奖惩标准，从而形成良好的政策实施氛围。

3. 加强政策组织管理，促进监督主体多元化

具备健全的监督机制是扶志扶智教育政策有效实施的内在要求，缺乏监督会让政策在执行过程中流于形式。扶志扶智教育政策在执行过程中，纵向上涉及各级政府及行政部门，横向上涉及各个相关的管理部门，这些部门主要包括教育、扶贫、街道社区等相关部门，如何发挥这些部门在政策执行中的作用是扶志扶智教育政策得到有效实施的重要途径。加强组织管理，各方通力合作，做到联席管理，杜绝各行其是、一盘散沙的情况发生。对贫困生扶志扶智是促进教育公平、体现社会主义制度优越性的重要体现，因此要加强对政策执行的组织管理，积极吸纳各方力量对其进行监督，促进监督主体多元化，发挥好监督功能。定期主动向社会、教师、学生、家长公开相关账目，主动接受社会各方面的监督，使政策在阳光下运行，保证政策资金的安全。

（三）政策环境和制度方面

1. 加强业务培训，提高政策执行者的责任意识与执行能力

中小学是扶志扶智教育政策执行的最终端，中小学的校长、教师等是政策执行的“末梢神经”，他们的政策执行水平、政策素质如何在很大程度上决定了扶志扶智教育政策的执行效果。要使扶志扶智教育政策达到预期的效果需要政策执行人员充分认识到扶志扶智工作对于学生成长、国家未来、实现教育公平等方面的重要意义与作用，要具备良好的专业素养、合理的知识结构、灵活的岗位意识、较高的政策水平。加强

对基层政策执行人员尤其是校长的政策执行能力培训，不断提高政策执行者的政策素质、业务素质和政策解读能力，让基层政策执行者将对贫困生的扶志扶智融入自己的本职工作，自觉通过课堂教学和育人体系落实扶志扶智任务。进一步明确责任和问责，不断强化和落实政策执行者的责任意识，使政策执行者切实承担起扶志扶智的组织实施工作和管理责任，从而为扶志扶智教育政策的执行提供有力保障。

2. 加强配套制度建设，制定操作性强的执行细则

执行扶志扶智教育政策，首先要考虑政策目标群体，即贫困学生、家庭的利益和发展诉求，在充分了解和掌握目标群体的需求和特征的基础上，制定切实可行的实施方案，提高目标群体对政策的认同度和满意度。鼓励地方政府结合目标群体实际制定切合实际、操作性强的政策执行方案，针对具体问题将宏观的政策目标细化为更加精细和可操作的目标。建议中小学管理部门制定具体的执行细则和考核评价体系，执行细则要具体到地区教育发展规划和学校发展规划，要求学校制定实现政策目标的具体配套制度，建立自上而下的政策实施体系，以扶志扶智的目标细化促进政策目标的实现。定期收集中小学校的反馈意见，及时对政策进行改进和调整，加强政策反馈和实施方案的灵活性。

（四）政策规范和保障方面

1. 积极拓宽捐赠渠道，建立规范的社会捐赠管理体系

对贫困生的扶困助困是对学校教育体系中的弱势群体进行补偿、实现其教育公平的重要体现，政府作为投入责任主体，面临着教育经费投入不足的困难。积极拓宽社会捐赠渠道，引导社会力量关注贫困学生，调动社会力量的积极性，鼓励民间公益组织向贫困生捐赠，更好地发现

和组织社会资源，减轻政府的经费负担。进一步规范社会力量捐赠行为，坚持公益性捐赠为主，实施备案登记制度和公开监管制度。加强配套制度建设，创造有利于社会力量捐赠的制度环境，促进社会力量的参与积极性。

2. 推动资助育人立法，为政策有效实施提供法律保障

当前，我国学生资助政策体系十分健全，参与学生资助政策实施的主要负责部门有国务院、教育部、财政部和中国人民银行，涉及贫困生资助育人的内容主要是部门规章和一些规范性文件，文件类型主要是通知、意见、规定、办法等，其内容关于效力等级高的法律几乎没有，约束力不强。由于未立法，缺少法律所具有的强制性规约，资助政策实施过程中有较大的随意性。国际上一些发达国家已通过法律手段来为学生资助提供法律保障。积极推进资助育人政策立法，对多个政策执行主体的行为和责任进行明确规范和划分，为各执行主体实施过程提供法律支持和约束，以法律形式保护受助贫困生、学校等的利益，严格要求所有执行主体依法办事，以法律约束自身行为，对于资助过程中存在的诸如“暗箱操作”“浑水摸鱼”等现象，依法追究相关部门和人员责任，并对其进行严厉处罚。

二、关于进一步加强中小学贫困生扶志扶智教育的实施意见（代拟）

为深入学习贯彻习近平总书记关于扶贫与扶志、扶智相结合的重要论述，充分发挥教育扶贫根本阻断贫困代际传递的作用，引导贫困生树

立远大志向，形成良好的学习能力和生活技能，实现贫困生健康成长和贫困家庭稳步脱贫，结合教育扶贫工作实际，特制定《关于进一步加强中小学贫困生扶志扶智教育的实施意见（代拟）》。

（一）指导思想

以习近平新时代中国特色社会主义思想为指导，全面贯彻党的十九大，十九届二中、三中、四中全会精神，坚持“以学生为中心”和“精准扶贫、教育先行，教育扶贫、育人为本”的发展理念，围绕立德树人的根本任务，落实使贫困生“能上学、上好学、好上学”的具体目标任务，紧盯控辍保学底线，强化育人保障体系，突出重点，延伸助推，立足贫困学生所需、所期、所盼，以教育精准资助为手段，以实现贫困生健康全面发展为目的，努力办“有温度有质量”的中小学教育，为贫困生提供优质、均衡、低负的学校教育资源，在继续做好教育扶贫、精准资助等工作的同时，通过育人体系改革、控辍保学底线保障、教师成长支持、资源均衡配置、治理体系改革、帮扶路径优化、协同育人机制完善等途径，增强贫困生成长的内生动力，提高贫困生自我发展能力，确保贫困生成长为社会有用之才。

（二）主要目标

扶志扶智教育努力用知识和教育来改变每一个贫困生及其家庭的命运，激发和引导贫困学生立志成才，促进贫困生全面发展、健康成长，彻底阻断贫困代际传递。

1. 扶志气，树信心，引导贫困生树立远大志向和正确思想

加强对贫困生的诚信教育、感恩教育、责任教育，培养贫困生的科学精神、思想品德和人文素养，引导贫困生树立远大志向，感恩励志，

奋发图强，形成良好的世界观、人生观和价值观和自立自强、知恩感恩、诚实守信的良好品质。

2. 扶学业，助成才，促进贫困生全面发展和学业提升

落实立德树人的根本任务，立足传知授技，破除唯分数、唯利倾向，助力贫困生形成良好的学习习惯和生活技能。关注贫困生的学业状况，加大对贫困生的学习辅导和技能帮扶，培养贫困生积极健康的人格和良好的心理品质，促进贫困生核心素养的提升和德智体美劳全面发展，为贫困生一生的成长奠定坚实的基础。

（三）具体措施

1. 以扶志扶智为保障，不断健全完善资助育人体系

对贫困生扶志扶智是实现资助育人目标的根本保障。当前对贫困生的扶志扶智教育要以教育精准资助政策实施为抓手，转变“重钱物轻育人”的资助观念，破除唯分数、唯利倾向，努力将金钱物质资助与扶志扶智深度融合，牢牢构筑物质、精神、能力全面发展的立体式资助育人模式。积极探索、构建精准扶贫资助育人体系，充分体现育人为本的目标，丰富学生资助工作内涵，关注贫困生的全面发展，培养贫困生的发展内驱力和良好的成长心态，切实提高贫困生的学习和生活能力，做到贫困生真正的思想转变和能力获益，助推贫困家庭脱贫致富。

扶志扶智教育是落实立德树人根本任务的重要途径。要努力形成全员参与、协同配合、充分融入教育教学环节的资助育人机制，健全完善全员育人、全过程育人、全方位育人的体制机制，创建“润物细无声”的育人环境，增强人文关怀，不断丰富和发展培养德智体美劳全面发展的社会主义建设者和接班人的立德树人体系；要在学校资源配置、育人

条件创设等各个方面、各个环节给予家庭经济困难学生更多的关注和政策倾斜，给予他们在生活和学习上更多的关心和帮助，为他们的志向培养、能力提升、视野开阔、意志磨炼创造更多的机会和条件，让他们在成长成才的道路上和其他学生一样享有出彩的人生机会。

2. 以控辍保学为底线，充分保障每一个学生不因贫困而辍学

稳步建立覆盖所有贫困家庭学生的资助体系，为家庭经济困难学生提供更多关爱和帮助，让教育资助和扶志扶智教育政策精准施力到每一个贫困生和贫困家庭，有效解决因学致贫、因学返贫问题，确保每一个学生不因贫困而辍学，不因学习困难而中止学业，真正做到从物质资助到精神关爱的全过程帮扶，保障贫困生身心健康成长、学业进步，促进贫困生成长成才。

坚持问题导向，精准摸清底数，不断强化动态监管，落实控辍保学主体责任，多措并举狠抓控辍保学工作，巩固提升控辍保学成果。充分了解贫困生辍学原因，多方位、多途径帮扶辍学学生树立学业信心，消除其不良顾忌，使其安心在校学习。对濒临辍学的学生进行扶助，加大对学困生的帮扶指导，帮助其养成良好的学习习惯和成长心态，使其有效融入学校生活，防止贫困生转化为学困生。对“因病”“因残（肢残）”不能到校的适龄儿童实施送教上门服务，让他们在家里就能够接受比较规范的义务教育。关爱特殊困难群体，积极开展对留守儿童、残疾儿童的关爱活动，使每一个儿童平等接受义务教育的权利得到充分保障。

3. 以师资建设为关键，建立专业化扶志扶智教师队伍

教师是实现扶志扶智目标任务的重要执行力量。提高中小学育人质量，为贫困生提供“有温度”的教育，教师是关键。聚焦师资队伍建设，以“四有好老师”为标准，强化师德师风建设，培育良好师德师风，

促进教师育人理念转变，造就一流的专业化教师队伍，努力提高教师的扶志扶智教育政策执行能力和水平。在教师专业能力提升、教师管理改革、教师待遇保障等方面出实招，推动优秀人才争相从教、在职教师人人尽展其才、好教师不断涌现的良好局面的形成。

着力打造师德师风好、业务素质高、育人能力强的师资队伍，让贫困生受到细致入微的关爱和帮扶。结合本地实际，建立教师成长和激励机制，鼓励更多的教师投入对贫困生的扶志扶智工作之中，对表现优秀的教师，要在评先评优、晋职晋级等方面给予政策倾斜。加大人才引进、培养力度，坚持引育并重，打好教师“引进牌”的同时，着力做好对本土教师的培养培训工作。深化教育教学管理体制机制改革，加强对教师成长的制度建设和条件支持，为教师潜心从教、安心育人营造良好环境。培育一批教育理念先进、育人方法创新、帮扶效果突出的教师，并对其进行表彰奖励，树立先进标杆，发挥示范引领作用，充分带动教师整体业务素质和能力提升。

4. 以公平均衡为导向，不断优化教育资源合理配置

扶志扶智的重要先决条件是为贫困生提供公平的教育资源供给，让其在优质的学校教育环境中健康成长、不断受益，通过教育和知识改变命运。加强教育规划，统筹整合教育资源，不断改善办学条件，教育资源分配向贫困地区、贫困生群体倾斜，根据人口流动等特点科学地进行学校布局调整，有效应对学校规模和资源的变化，提高本地区教育均衡化发展水平，努力形成布局科学合理、办学条件优良、教育质量突出、区域均衡公平的教育发展格局。

坚持中小学教育城乡一体化发展、均等化服务、标准化建设发展战略，以保障贫困生“有学上”为底线，聚焦贫困生“上好学”，为贫困生提供优质、均衡、低负的教育资源配置。充分发挥课堂教学实施扶志

扶智的主战场作用，运用课堂教学改革和校园文化建设，为贫困生提供公平而有质量的学校教育，为阻断贫困代际传递作贡献。提高中小学信息化建设水平，利用互联网为贫困地区学生提供优质的远程教育资源，缩小城乡、地区之间的教育资源差距。

5. 以创新帮扶方式为载体，广泛凝聚扶志扶智育人合力

坚持以学生为中心的教育发展理念，制定协调统一的帮扶布局和规划，努力办“有温度有质量”的教育。立足于贫困生的需求，从贫困生物质、精神和心理多方面需求出发，因人施策，多措并举，多途径帮扶贫困生发展。对贫困生开展关爱帮扶行动，及时掌握他们的思想动态，帮助解决他们思想上、生活上、学习上的困难，引导贫困生提高学习的主动性和积极性，培育他们较强的自主发展能力。开展生活困难扶助、作业辅导、励志教育、兴趣培养、心理辅导等形式多样的活动，解决贫困生的生活困难和成长障碍，激励贫困生树立远大志向，让他们在自信中成长。

研究并制定思想帮扶制度、学习帮扶制度、生活帮扶制度，积极进行制度创新，结合实际情况，因校、因人制定切实可行的帮扶制度，构筑针对性强、帮扶力度大、覆盖范围广的帮扶贫困生的扶志扶智制度体系。进一步规范社会力量捐赠管理程序，鼓励社会力量积极资助贫困生，凝聚好发展教育事业的强大合力，营造全社会全方位关心支持和主动参与教育现代化建设的良好氛围。鼓励有条件的地区或捐赠主体为中小学捐建图书馆，丰富贫困生的精神世界，让贫困生通过与经典对话、科普阅读等方式探寻博大精深的人类智慧和精神世界。

6. 以治理体系改革为基础，不断提升学校教育扶志扶智能力

不断深化教育治理体系改革，政府、学校、社会精准发力、协同配

合，加快实现教育由传统管制向现代治理体系转变，构建“党委全面领导、政府依法管理、学校自主办学、社会广泛参与、各方共同推进”的现代教育治理体系。促进由传统的单一、线性的政策执行模式向多主体参与、协同发展的治理模式转变，克服由被动执行带来的“等、靠、要”等不良现象，提高多元办学主体参与教育治理的主动性和积极性，保障贫困生及其家庭的发展主体地位，引导其由被动地接受向主动地参与转变。

尊重教育规律，提倡专家治校，保障学校的办学自主权。对学校教育实行“放管服”，鼓励教师提升专业能力，营造潜心育人的教学环境。各学校要充分发挥育人功能的创造性和能动性，因地制宜，构建物质帮助、道德浸润、能力拓展、精神激励、规范管理等方面的资助育人和扶志扶智相结合的长效机制，将单纯“输血式”资助转变为“输血与造血结合式”资助，激发贫困生的成长内驱动力，使贫困生在国家扶志扶智教育政策的关怀下成长为有用之才。

7. 以加强合作交流为依托，构建多方协同育人机制

对贫困生扶志扶智需要发挥家庭、学校、政府、社会等各方面力量，共同施力，协同配合。加强沟通交流，构建全方位协同育人机制和平台，充分利用学校教育的内外要素整合育人力量，形成全员育人、全程育人、全方位育人的完整育人体系。推进家校协同育人，帮助家长树立科学育儿观念，使家长理性帮助孩子设定人生目标，防止家长因盲目攀比送孩子参加不必要的校外培训。广泛开展关于自力更生、主动脱贫等内容的“小手拉大手”理想道德教育活动，通过对贫困生帮扶和引导家长主动致富，激励贫困生自立自强，感恩奋进，增强贫困生家长的致富信心和能力，助推贫困家庭脱贫。

提倡为解决贫困群众实际生活困难而开展的如“四点半”学校的便

捷公共服务，提高学校服务地方经济社会的能力。通过家校合作，引导家长重视孩子的教育，多陪伴关心孩子，呼吁社会人士一同发力，形成整个社会崇德向善的道德风尚。广泛开展民族文化进校园等活动，丰富校本课程建设和开发，让贫困生尽快适应搬迁环境和学校生活。通过多部门协同合作，为贫困生的学习、生活和健康成长营造良好的氛围，并呼吁全社会对贫困学生的关心、关注、关爱。

（四）相关要求

1. 统一思想，高度重视

贫困生扶志扶智是一项长期、系统、复杂的工程，各地各校要高度重视贫困生扶志扶智教育工作，将其作为教育扶贫工作的一项重要内容。进一步增强做好贫困生扶志扶智教育工作的责任感、使命感、紧迫感，牢固树立“以学生为中心”的扶志扶智教育理念，坚持资助与育人相结合、扶困与励志相统一，不断提高助困育人质量和效果。

2. 科学统筹，强化落实

各地各校要做好科学统筹规划和顶层设计，创新工作渠道和方法，在资金安排、师资配备、评价考核等具体方面加强统筹协调，落实主体责任，精准发力，构建涵盖物质资助、志向引导、道德浸润、能力拓展等方面的扶志扶智教育工作体系，“守正笃实，久久为功”，促进贫困生在扶志扶智教育政策的关怀下成长为社会有用之才。

3. 因地制宜，探索创新

各地各校要积极落实贫困生扶志扶智的目标任务，加强对这一目标任务的理论指导和实践创新，将物质资助与扶志扶智有机融合，切实加强扶志扶智教育政策的落实。认真开展调查研究，结合实际情况分析存在的问题，大力总结、挖掘和推广成功经验和典型做法，为促进贫困生健康全面发展和教育扶贫可持续发展作出积极贡献。

知行合一，继往开来。新时代，面对人民日益增长的美好生活需要，中小学将以习近平新时代中国特色社会主义思想为指导，只争朝夕，不负韶华，持之以恒地开展贫困生扶志扶智教育工作，以更大的决心、更精准的举措和更超常的力度，着力拔除贫困学生思想和能力上的“穷”根，促进贫困生全面健康成长，推动我国教育扶贫事业高质量可持续发展，谱写新时代教育高质量发展新篇章。

结 语

本课题聚焦于我国中小学贫困生扶志扶智的教育政策保障，主要讨论了当前扶志扶智政策文本的特点、扶志扶智教育政策在实施和执行过程中的现状和存在的问题，并提出了相应的政策改进建议。笔者对当前扶志扶智教育的基础理论和实践逻辑进行了理论剖析，对扶志扶智在教育扶贫中的积极意义和正面价值进行了初步分析。基于此，通过后续实地调研与数据整理分析，总结归纳了当前贵州省中小学贫困生扶志扶智教育政策实施过程中存在的不足，并提出了相关的政策改进建议。

总之，对贫困生扶志扶智教育政策的研究内容极其丰富，且与教育实践紧密结合，这一系统研究工作，需要从教育的本质与功能出发，对教育扶贫的现象和规律进行总结探索，以期能够更好地指导实际工作。本课题所做的研究，侧重于以贫困生的实际困境和帮扶需要为着眼点，系统描述扶志扶智教育政策实施的现状，探究其改进的措施和路径。然而，由于时间和水平有限，本研究还有很多不尽如人意的地方，与中小学贫困生扶志扶智具体工作相关的实施配套制度、评价体系、立法研究等内容，还期待有更多教育学者和课题给予更细致、更深入的研究和揭示。

参考文献

[1] 中共中央马克思恩格斯列宁斯大林著作编译局．马克思恩格斯选集：第 2 卷 [M]. 北京：人民出版社，2012.

[2] 爱弥尔·涂尔干．道德教育 [M]. 陈光金，沈杰，朱谐汉，译．上海：上海人民出版社，2001.

[3] 艾尔·巴比．社会研究方法：第 10 版 [M]. 邱泽奇，译．北京：华夏出版社，2005.

[4] 迈尔斯，休伯曼．质性资料的分析：方法与实践 [M]. 重庆：重庆大学出版社，2008.

[5] S. 那格尔．政策研究百科全书 [M]. 林明，等，译．北京：科学技术文献出版社，1990.

[6] 舒尔茨．人力资本投资：教育和研究的作用 [M]. 蒋斌，张衡，译．北京：商务印书馆，1990.

[7] 舒尔茨．论人力资本投资 [M]. 北京：北京经济学院出版社，1990.

[8] 约翰·罗尔斯．正义论 [M]. 何怀宏，译．北京：中国社会科学出版社，2010.

[9] 阿马蒂亚·森．贫困与饥荒 [M]. 王宇，等，译．北京：商务印书馆，2001.

[10] 阿马蒂亚·森．以自由看待发展 [M]. 任赜，于真，译．北京：中国人

民大学出版社，2013.
[11] 陈学飞，林小英，茶世俊 . 教育政策研究基础 [M]. 北京：人民教育出版社，2011.
[12] 陈向明 . 质的研究方法与社会科学研究 [M]. 北京：教育科学出版社，2000.
[13] 陈振明 . 公共政策分析 [M]. 北京：中国人民大学出版社，2009.
[14] 陈振明 . 公共政策分析导论 [M]. 北京：中国人民大学出版社，2015.
[15] 陈振明 . 政策科学 [M]. 北京：中国人民大学出版社，1998.
[16] 广少奎，时念新 . 教育实践问题的理论思考 [M]. 长春：吉林人民出版社，2006.
[17] 黄明东 . 教育政策与法律 [M]. 武汉：武汉大学出版社，2007.
[18] 朴贞子，金炯烈，李洪霞 . 政策执行论 [M]. 北京：中国社会科学出版社，2010.
[19] 康晓光 . 中国贫困与反贫困理论 [M]. 南宁：广西人民出版社，1995.
[20] 林德金，陈洪，刘珠江 . 政策研究方法论 [M]. 延吉：延边大学出版社，1989.
[21] 刘旭东 . 教育的学术品格与教育理论创新 [M]. 北京：中国社会科学出版社，2017.
[22] 沈立人 . 中国弱势群体 [M]. 北京：民主与建设出版社，2005.
[23] 沈亚芳，谢童伟，张锦华 . 中国农村的教育贫困与教育补偿机制研究 [M]. 上海：上海财经大学出版社，2011.
[24] 孙绵涛 . 教育政策学 [M]. 武汉：武汉工业大学出版社，1997.
[25] 孙绵涛 . 教育政策论: 有中国特色的社会主义教育政策研究 [M]. 武汉: 华中师范大学出版社，2002.
[26] 孙莹 . 贫困的传递与遏制：城市低保家庭第二代问题研究 [M]. 北京：社会科学文献出版社，2005.

[27] 习近平 . 知之深　爱之切 [M]. 石家庄：河北人民出版社，2015.

[28] 习近平 . 摆脱贫困 [M]. 福州：福建人民出版社，2014.

[29] 袁振国 . 教育政策学 [M]. 南京：江苏教育出版社，2001.

[30] 曾天山 . 教育扶贫的力量 [M]. 北京：教育科学出版社，2018.

[31] 周怡 . 解读社会文化与结构的路径 [M]. 北京：社会科学文献出版社，2004.

[32] TAYLOR S, RIZVI F, LINGARD B, et al.Educational Policy and the Politics of Change[M]. London:Routledge,1997.

[33] WHORF B L,CARROLL J B，LEVINSON S C .Language, Thought, and Reality:Selected Writings of Benjamin Lee Whorf[M].Cambridge, MA:The MIT Press,2012.

[34] WIMMER R D,DOMINNICK J R.Mass Media Research:An Introduction[M].Boston:Wadsworth Publishing,2003.

[35] COLEMAN, J S.Foundations of Social Theory[M].Cambridge, MA: Belknap Press of Harvard University Press,1990.

[36] MOYNIHAN D P.On Understanding Poverty: Perspective from the Social Science[M].New York: Basic Book, 1969: 3.

[37] 白华 . 高校贫困生资助工作价值取向的理性回归 [J]. 教育探索，2014（5）：14–16.

[38] 陈恩伦，陈亮 . 教育信息化观照下的贫困地区教育精准扶贫模式探究 [J]. 中国电化教育，2017（3）：58–62.

[39] 陈健 . 习近平新时代精准扶贫思想形成的现实逻辑与实践路径 [J]. 财经科学，2018（7）：48–58.

[40] 代蕊华，于璇 . 教育精准扶贫：困境与治理路径 [J]. 教育发展研究，2017，37（7）：9–15，30.

[41] 范涌峰，陈夫义 ."三位一体" 教育扶贫模式的构建与实施 [J]. 教育

理论与实践，2017，37（10）：29–32.

[42] 范平花．贫困减缓与教育发展：一个参与式治理的精准扶贫视角 [J]. 贵州财经大学学报，2017（4）：103–110.

[43] 范小梅．“教育扶贫”概念考辨 [J]. 教育探索，2019（4）：1–5.

[44] 高圆圆，范绍丰．西部民族地区农村贫困人口精神贫困探析 [J]. 中南民族大学学报（人文社会科学版），2017，37（6）：131–136.

[45] 杭承政，胡鞍钢．“精神贫困”现象的实质是个体失灵：来自行为科学的视角 [J]. 国家行政学院学报，2017（4）：97–103，147.

[46] 黄明东，姚宇华．教育政策运行机制优化研究：超越理性与私利的视角 [J]. 现代教育管理，2017（5）：69–74.

[47] 金久仁．精准扶贫视域下推进城乡教育公平的行动逻辑与路径研究 [J]. 教育与经济，2018（4）：30–36，45.

[48] 李兴洲．公平正义：教育扶贫的价值追求 [J]. 教育研究，2017，38（3）：31–37.

[49] 李俊杰，李晓鹏．高校参与精准扶贫的理论与实践：基于中南民族大学在武陵山片区的扶贫案例 [J]. 中南民族大学学报（人文社会科学版），2018，38（1）：79–84.

[50] 李华，马静，宣芳，等．基于精准视域下甘肃省少数民族地区教育扶贫研究 [J]. 电化教育研究，2017（12）：27–31，43.

[51] 李兴洲，邢贞良．攻坚阶段我国教育扶贫的理论与实践创新 [J]. 教育与经济，2018（1）：42–47，56.

[52] 李敏，陈卫．中国城市贫困对儿童教育的影响 [J]. 人口与经济，2007（4）：40–45.

[53] 刘旭东，蒋玲玲．论中国教育学术话语体系的当代构建 [J]. 教育研究，2018，39（1）：18–25，58.

[54] 刘旭东．教育行动的逻辑与教育理论创新：兼论哈耶克的“必然无知”

理论 [J]. 教育研究，2016，37（10）：11–18.

[55] 刘复兴 . 教育政策的四重视角 [J]. 清华大学教育研究，2002（4）：13–19.

[56] 刘航，柳海民 . 教育精准扶贫：时代循迹、对象确认与主要对策 [J]. 中国教育学刊，2018（4）：29–35.

[57] 刘军豪，许锋华 . 教育扶贫：从“扶学育之贫”到“依靠教育扶贫”[J]. 中国人民大学教育学刊，2016（2）：44–53.

[58] 刘东彪，傅树京 . 观念、话语、制度：一个教育政策分析的三维框架 [J]. 现代教育管理，2018（2）：29–33.

[59] 孟繁华，张爽，王天晓 . 我国教育政策的范式转换 [J]. 教育研究，2019，40（3）：136–144.

[60] 孟卫青 . 教育政策分析的三维模式 [J]. 教育科学研究，2008（Z1）：21–23.

[61] 曲绍卫，范晓婷，曲垠姣 . 高校大学生资助管理绩效评估研究：基于中央直属 120 所高校的实证分析 [J]. 教育研究，2015，36（8）：42–48.

[62] 秦西 . 内容分析法在我国公共政策研究中的应用评述 [J]. 上海市经济管理干部学院学报，2016，14（6）：9–17.

[63] 任胜洪，刘孙渊 . 高校创新创业教育政策的演进逻辑及展望 [J]. 教育研究，2018，39（5）：59–62.

[64] 任友群，吴旻瑜 . 走向“生活世界知识”的教育：再论“教育扶贫”[J]. 中国教育学刊，2018（7）：21–25，42.

[65] 孙绵涛 . 专业化教育政策分析探讨 [J]. 教育研究，2017，38（12）：22–28.

[66] 单耀军 . 教育精准扶贫的科学内涵及实践路径 [J]. 经济研究参考，2018（10）：14–17.

[67] 宋宸刚，丛雅静 . 我国精准扶贫的最优模式与关键路径分析 [J]. 调研世界，2018（3）：58–61.

[68] 檀慧玲，李文燕，罗良．关于利用质量监测促进基础教育精准扶贫的思考 [J]. 教育研究，2018，39（1）：99–107.

[69] 王嘉毅，封清云，张金．教育与精准扶贫精准脱贫 [J]. 教育研究，2016，37（7）：12–21.

[70] 王美玉，李大为．党的十八大以来中国共产党扶志与扶智思想的发展：扶贫开发工作内生动力培育研究 [J]. 湖南社会科学，2019（1）：67–72.

[71] 王智超，申晓娇．教育精准扶贫的关键在哪：积极解决教育资源配置的失衡 [J]. 人民论坛，2018（16）：106–107.

[72] 王锋，侯长林．职业教育精准扶贫开发模式的构建与选择：以贵州省为例 [J]. 中国成人教育，2017（10）：103–105.

[73] 万远英，崔帅帅．精神扶贫：减贫反贫的根本：基于成都市扶贫开发工作的调研思考 [J]. 安徽农业科学，2017，45（32）：252–255.

[74] 吴晓蓉，范小梅．教育回报的反贫困作用模型及其实现机制 [J]. 教育研究，2018，39（9）：80–88.

[75] 薛二勇，周秀平．中国教育脱贫的政策设计与制度创新 [J]. 教育研究，2017，38（12）：29–37.

[76] 谢君君．教育扶贫研究述评 [J]. 复旦教育论坛，2012，10（3）：66–71.

[77] 谢勇．中国城镇居民低收入群体研究综述 [J]. 人口与经济，2006（2）：54–59.

[78] 谢宇，胡婧炜，张春泥．中国家庭追踪调查：理念与实践 [J]. 社会，2014，34（2）：1–32.

[79] 向雪琪，林曾．改革开放以来我国教育扶贫的发展趋向 [J]. 中南民族大学学报（人文社会科学版），2018，38（3）：74–78.

[80] 邢敏慧，张航．家庭资本、政治信任与教育扶贫政策满意度：基于全国 31 个省 240 个村庄的实证分析 [J]. 四川师范大学学报（社会科学版），

2019，46（4）：77–84.

[81] 尤亮，刘军弟，霍学喜 . 渴望、投资与贫困：一个理论分析框架 [J]. 中国农村观察，2018（5）：29–44.

[82] 余应鸿 . 乡村振兴背景下教育精准扶贫面临的问题及其治理[J]. 探索，2018（3）：170–177.

[83] 张琦，史志乐 . 我国教育脱贫工作绩效评价指标体系构建 [J]. 教育与经济，2018（2）：35–42.

[84] 袁利平，丁雅施 . 教育扶贫政策实施效果评估指标体系构建 [J]. 教育研究，2019，40（8）：139–144.

[85] 严强 . 论公共政策的价值 [J]. 南京政治学院学报，2007（2）：55–59.

[86] 张蓓 . 以扶志、扶智推进精准扶贫的内生动力与实践路径 [J]. 改革，2017（12）：41–44.

[87] 祝建华 . 贫困代际传递过程中的教育因素分析 [J]. 教育发展研究，2016，36（3）：36–44.

[88] 左明章，向磊，马运朋，等 . 扶志、扶智、扶学：信息化促进教育精准扶贫"三位一体"模式建构 [J]. 电化教育研究，2019，40（3）：13–19，33.

[89] 张志胜，崔执树 . 习近平精神扶贫思想的基本内涵与时代意蕴 [J]. 内蒙古大学学报（哲学社会科学版），2018，50（4）：14–20.

[90] 曾天山，吴景松，崔吉芳 . 滇西智力扶贫开发精准有效策略研究 [J]. 西北师大学报（社会科学版），2018，55（3）：5–17.

[91] 张国献 . 农村教育精准扶贫的共享困境与化解路径 [J]. 理论学刊，2018（4）：138–144.

[92] 张新平 . 教育政策概念的规范化探讨 [J]. 湖北大学学报（哲学社会科学版），1999（1）：92–96.

[93] 赵莉晓 . 创新政策评估理论方法研究：基于公共政策评估逻辑框架的视角 [J]. 科学学研究，2014，32（2）：195–202.

[94] 张琦，史志乐 . 我国教育扶贫政策创新及实践研究 [J]. 贵州社会科学，2017（4）：154–160.

[95] 周小虎，张蕊 . 教育政策分析的范式特征及其研究路径 [J]. 教育理论与实践，2010，30（10）：15–18.

[96] 张乐天 . 论教育政策观念的变革与更新 [J]. 教育发展研究，2002（11）：80–83.

[97] CODD,J. The Construction and Deconstruction of Educational Policy Documents[J]. Journal of Education Policy,1988(3).

[98] SPILLANE J P,REISER B J, REIMER T. Policy Implementation and Cognition：Reframing and Refocusing Implementation Research[J]. Review of Educational Research,2002,72(3).

[99] Smith,TB. The Policy Implementation Process[J].Policy Sciences,1973,4(2).

[100] 邓凡 . 教育政策执行的网络模式研究 [D]. 长春：东北师范大学，2011.

[101] 冯丽 . 父母陪伴与小学生自我意识和学业成绩的关系 [D]. 曲阜：曲阜师范大学，2011.

[102] 诺敏 . 教育政策研究：以翁牛特旗学校布局调整为例 [D]. 呼和浩特：内蒙古大学，2018.

[103] 折曦 . 中国农村基础教育政策的非预期性后果：基于中部地区 H 县布局调整后农村寄宿制学校的质性考察 [D]. 北京：中国农业大学，2019.

[104] 尚志华 . 教育政策环境研究范式探论 [D]. 沈阳：沈阳师范大学，2018.

[105] 谢春风 . 我国教育行政决策的伦理困境与出路：基于流动儿童教育政策的伦理分析 [D]. 北京：北京师范大学，2011.

[106] 赵宁宁 . 寻找教育政策制定的研究基础：以 R 市初中招生政策的改革过程为个案 [D]. 北京：北京师范大学，2007.

[107] 郭清祥，马进 . 加大扶志扶智力度　深入推进精神扶贫 [N]. 甘肃日报，2018–06–01（10）.

[108] 李晓红 . 扶志扶智培育发展能力 [N]. 贵州日报，2018–09–25（12）.

[109] 李伟丁，延庆 . 既扶贫又扶智教育扶贫效益巨大 [N]. 人民日报，2016–07–24（5）.

[110] 全国学生资助管理中心 .2018 年中国学生资助发展报告 [N]. 人民政协报，2019–03–07（18）.

[111] 全国学生资助管理中心 . 2019 年中国学生资助发展报告 [N]. 人民日报，2020–05–21（6）.

[112] 全国学生资助管理中心 . 2015 年中国学生资助发展报告 [N]. 人民日报，2016–08–31（14）.

[113] 王雨磊 . 精准扶贫需注重家庭立场 [N]. 中国社会科学报，2017–12–15（5）.

[114] 习近平给“国培计划（2014）”北京师范大学贵州研修班参训教师回信并勉励广大教师为下一代健康成长继续作出贡献 [N]. 中国教育报，2015–09–10（2）.

[115] 袁桂林 . 教育扶贫方式须改变 [N]. 光明日报，2015–05–24（8）.

[116] 国务院扶贫开发领导小组办公室 , 中央农办 , 民政部 , 等 . 关于印发《建立精准扶贫工作机制实施方案》的通知 [EB/OL].（2014–05–12）[2023–03–19].https://www.cee.edu.cn/n161/n245/n313/n6499/c262270/content.html.

[117] 全国学生资助管理中心 . 2017 年中国学生资助发展报告 [EB/OL].（2019–07–09）[2023–03–08].https：//www.xszz.edu.cn/n85/n167/c7519/content.html.

[118] 全国学生资助管理中心 . 2016 年中国学生资助发展报告 [EB/OL].（2019-07-08）[2023-01-15].https：//www.xszz.edu.cn/n85/n167/c7518/content.html.

[119] 全国学生资助管理中心 . 十年资助　硕果累累：2007—2016 年中国学生资助发展报告（一）[EB/OL].（2020-04-10）[2023-02-17].https：//www.xszz.edu.cn/n85/n167/c7523/content.html.

[120] 国务院扶贫开发领导小组办公室 . 脱贫攻坚责任制实施办法 [EB/OL].(2016-10-11)[2023.01-23].http://tuopin.ce.cn/news/201610/18/t20161018_16866304.shtml.

[121] 2018 年教育统计数 [EB/OL]. (2018-08-10) [2019-10-05].http://www.moe.gov.cn/s78/A03/moe_560/jytjsj_2018/qg/201908/394239.html.

附　录

附录一　贵州省易地扶贫搬迁安置学校中小学贫困生调查问卷

同学们：

你们好！为了解贵州省中小学贫困生扶志扶智教育政策实施情况，我们设计了此问卷。本问卷采用匿名的方式，请你根据自己的实际情况回答（将内容或题号写在题目中的横线上），感谢你的合作与支持！

课题组

二〇一九年十一月

1. 你的年龄是____岁，现就读___年级。
2. 你的性别是____。　①男　②女
3. 你的民族是____族。
4. 你是否属于建档立卡的贫困家庭子女？____。①是　②否
5. 你了解政府的资助政策吗？____。　①了解　②不了解

目前政府对你有哪些资助？请写出你知道的：

____

____。

6. 你爸爸妈妈的情况是___。

①爸爸或妈妈有一人外出打工　②爸妈都外出打工

③爸妈都在家　④其他情况

7. 你平时多久回一次家？____。

①每天都回　②每周一次　③每月一次　④每学期一次　⑤其他

8. 你爸妈对你的学习____。

①经常关心　②有时候关心　③偶尔关心　④从不关心

9. 你目前平均成绩在本校同年级中属于____。

①优秀　②中上等　③中等　④中下等　⑤较差

10. 你的家庭能不能支付你上学的费用？____。

①完全能支付　②基本能支付　③有一定压力　④有很大压力

11. 你平时用____和老师同学交流。

①普通话　②本地区方言　③少数民族语言

12. 影响你成长的最重要因素是____。

①家庭经济困难　②社区（村）的环境不好

③上课内容难　④学校生活枯燥

13. 你在家中主要通过哪种途径学习？____。

①父母辅导　②父母以外的人辅导　③手机　④电脑　⑤自学

14. 学校老师对你家访的情况是_____。

①一学期 1 次　②一学期 2 次　③一学期 3 次以上　④没有

15. 你是否做过学习成绩不好时，受到爸爸妈妈或老师训斥的梦？____。

①做过　②没做过

16. 你是否一听到“要考试”心里就紧张？____。

①是　②不是

17. 你身边有没有因为家里没钱而上不起学的学生？____。

①有　②没有

18. 你更愿意用哪种方式接受资助？____。

①公开　②不要公开　③都可以

19. 你最需要学校和老师对你如何帮助？____。

①钱物资助　②学习帮助　③生活关爱　④心理辅导　⑤志向引导

20. 现在的学校和搬迁之前的学校相比，你更喜欢哪个？____。

①现在的学校　②之前的学校　③差不多

21. 你对学校的营养餐是否满意？____。

①满意　②一般　③不满意　④学校没有营养餐

22. 你长大后想干什么？____。

①考大学　②找到一份好工作　③先毕业再看　④没想过

23. 你希望通过上学____。

①实现个人价值　②为社会作贡献

③让家人过上好生活　④以上都有　⑤没想过

24. 你认为自己的志向和国家的目标有什么关系？____。

①有很大关系，两者会互相促进

②有一定关系，但不会有太大影响

③没有关系

25. 你长大后，是否也愿意通过资助去帮助别人？____。

①愿意　②不愿意　③没想过

26. 自从享受政府资助以后，你有什么样的变化？请对照下列描述总结自己的变化。（请根据自己的情况，在后面对应的空格里打“√”，每题选一项）

情感	比以前要好	和以前一样	不如以前
热爱祖国、热爱社会、热爱生活			
自信、自立、自强			
人生志向和理想			
乐于助人、积极参加集体活动			
科学文化知识水平			
人际交往能力			
生活劳动技能			
社会适应能力			
学业成绩			
学习兴趣			

问卷回答结束，谢谢合作！

附录二　贵州省易地扶贫搬迁安置学校中小学教师调查问卷

尊敬的老师：

您好！为了解贵州省中小学贫困生扶志扶智教育政策实施情况，我们设计了此问卷。本问卷采用匿名的方式，请您根据自己的实际情况回答（在横线上填入内容或题号），感谢您的合作与支持！

"贵州省中小学贫困生扶志扶智教育政策保障研究"课题组

二〇一九年十一月

第一部分　基本信息

1. 您的性别是____。　①男　②女
2. 您的教龄是____年。
3. 您所在的学校是____。　①小学　②初中　③高中
4. 您的岗位性质是____。　①公办专任教师　②代课教师　③其他临时性教师岗位
5. 您的学历情况是____。　①中专　②大专　③本科　④硕士及以上

第二部分　单项选择（请将赞同的答案题号写在横线上）

1. 您是否对贫困生的帮扶要求做过详细了解和分类？____。　①是　②否
2. 学校有没有对贫困生的励志奖励？____。　①有　②没有
3. 您接受过专门的扶志扶智培训吗？____。　①是　②否

4. 您是否参与过对贫困户的入户扶贫工作？____。 ①是 ②否

5. 您班上有没有智力有障碍或身体有残疾的贫困生？____。

①有 ②没有

6. 贫困生家长会认同并且积极配合您对学生的教育吗？____。

①是 ②否

7. 学校有没有对贫困生的扶志扶智制度？____。

①有 ②没有

8. 您所在学校对教师的贫困生扶志扶智工作有无考核要求？____。

①有 ②没有

9. 您认为享受资助的贫困生的身份认定程序是否合理？____。

①合理 ②不合理

10. 您如何对待贫困生和其他学生的？____。

①一样对待 ②对贫困生特别关照 ③因人而异，没有统一标准

11. 您对贫困生的未来发展预期是____。

①充满信心 ②比较乐观 ③比较担忧 ④无所谓

12. 您认为对贫困生的物质资助与对贫困生的扶志扶智，哪个更重要？____。

①物质资助重要 ②扶志扶智重要 ③两者都重要 ④不好说

13. 您认为实施扶志扶智政策____。

①非常有必要 ②有必要 ③无所谓 ④没有必要

14. 实施免费教科书资助政策后，贫困生的学习成绩____。

①进步很大 ②有进步 ③没变化 ④下降

15. 您有没有对贫困生进行家访，以了解家庭情况，进行有针对性的帮扶？____。

①逐户进行家访 ②部分进行了家访

③偶尔进行家访 ④没有

16. 您认为影响贫困生成长的最主要困难是_____。

①家庭经济困难　　②家庭教育投入不够

③父母文化水平较低　④思想观念较落后

17. 您认为现阶段影响贫困生成长的主要问题是_____。

①经济困难　②志向缺乏　③能力欠缺

④学业成绩较差　　⑤以上都有

第三部分　请根据实际情况在题后的空格里打“√”

1. 政策的熟悉程度：

问题项目	非常不了解	比较不了解	一般	比较了解	非常了解
您对扶志扶智教育政策的相关内容					
您对《贵州省教育精准扶贫学生资助实施办法》等学生资助政策的相关内容					

2. 政策的实施效果：

项目	非常不同意	比较不同意	说不清	比较同意	非常同意
贵校采取的贫困生帮扶工作非常有效					
资助政策改善了贫困生家庭经济条件					
政策的实施使贫困生更加励志					
政策的实施提高了贫困生的发展动力					
政策的实施提升了学生综合素质和能力					
政策的实施使学生养成了良好的学习和生活习惯					
对贫困生扶志扶智是当前政策实施的主要内容					
扶志扶智增加了教师和学校的责任与压力					
扶志扶智事关贫困家庭的真正脱贫					

3. 扶志扶智政策执行的影响因素筛选：

项目	完全不赞同	比较不赞同	说不清楚	比较赞同	完全赞同
教师是政策执行的重要力量					
教师缺乏具体的、可操作的方法					
扶志扶智要紧密结合日常教学开展					
教师缺乏扶志扶智专题培训					
政策执行缺少对少数民族文化差异的关注					
学校制定有效的配套制度才能执行政策					
上级部门没有充分重视扶志扶智					
教师只是在执行上级管理部门扶贫指令					
教师扶志扶智要与政府、社区、学校同步进行					
贫困户致富脱贫的主动性非常重要					
家长对教师的配合和支持非常重要					

问卷回答结束，谢谢合作！

附录三　省级资助管理部门负责人访谈提纲

一、基本信息

1. 您的岗位是______，您从事本岗位工作___年。

2. 性别：男，女（打“√”）。

二、扶志扶智相关情况

1. 我省的学生资助概况？

2. 您觉得在对贫困生进行经济资助的同时，进行扶志扶智教育重要吗？为什么？

3. 我省对贫困生的扶志扶智教育，有什么具体政策和措施？

4. 我省对贫困生的扶志扶智教育方面面临什么问题？

5. 您认为我省下一步应如何改革扶志扶智教育保障政策？

____

____

____

____

____

____

____

“贵州中小学贫困生扶志扶智教育政策保障研究”课题组

二〇一九年十一月

附录四　市（州）、县（区）政府资助管理人员访谈提纲

一、基本信息

1. 您的年龄是___岁，您的工作单位是__________。

2. 您的岗位是______，您从事本岗位工作___年。

3. 性别：男，女（打“√”）。

二、扶志扶智相关情况

1. 您觉得对贫困生的精神扶助重要吗？为什么？

2. 您觉得资助政策的实施对贫困生和贫困生的家庭帮助大吗？帮助体现在哪些方面？

3. 贵单位在资助过程中建立了哪些配套制度？效果如何？（如有，请搜集制度文本）

4. 您从事的资助工作有无系统的考核评价体系？有无奖惩机制？有无违规违纪现象发生？有无重大社会舆情发生？

5. 您认为现阶段是否通过资助工作达到了育人的目的？如何更好地通过资助进行育人？

6. 在对贫困生进行扶志扶智的过程中，贵单位有何创新做法和有效措施？

7. 您认为贵单位与其他政府部门在资助工作方面协同配合程度如何？

8. 扶志扶智教育政策在易地扶贫搬迁学校实施过程中还存在哪些难

以解决的问题？应该怎么解决？

9. 您认为下一步该如何改进易地扶贫搬迁学校的资助工作？在学校该如何实施扶志扶智政策，您有什么建议？

____

____

____

____

____

“贵州中小学贫困生扶志扶智教育政策保障研究”课题组

二〇一九年十一月

附录五　贵州省易地扶贫搬迁学校校长、中心校校长、管理干部访谈提纲

一、校长基本信息

1. 您的年龄是___岁，您的工作单位是__________。

2. 您的岗位是______，您从事本岗位工作___年。

3. 性别：男，女（打“√”）。

二、扶志扶智相关情况

1. 贵校享受资助的贫困生有多少？占总人数比例是多少？生师比是多少？

2. 您觉得贵校在资源配置方面在本地区公平么？学校发展存在哪些困难？

3. 您认为贫困生群体与非贫困生群体在学校的表现有什么不同？各有什么特点？

4. 您认为资助政策实施后，贫困生及家庭有无明显变化？变化体现在哪些方面？

5. 您觉得对贫困生的精神扶助重要吗？为什么？

6. 贵校在贫困生资助方面建立了哪些配套制度？有何创新做法和有效措施？（如有，请搜集制度文本）

7. 贵校是否设置了专门针对贫困生和帮扶贫困生教师的奖励？

8. 您觉得资助政策对贫困生的成长和贫困家庭的脱贫帮助大吗？帮助体现在哪些方面？

9. 贵校的资助工作有无系统的考核评价体系？（如有，请搜集文本）有无奖惩机制？有无违规违纪现象发生？有无重大社会舆情发生？

10. 您觉得如何更好地开展资助工作，以达到育人的目的？

11. 您觉得贵校的贫困生资助工作存在哪些问题，该如何改进？

谢谢您的合作！

"贵州中小学贫困生扶志扶智教育政策保障研究"课题组

二〇一九年十一月

附录六　贵州省易地扶贫搬迁安置学校的教师访谈提纲

一、教师基本信息

1. 您的年龄是___岁，您的学历是____，您的工作单位是_______。

2. 性别：男，女（打“√”）。

3. 您是否兼任班主任工作？_____；您是否兼任学校行政管理人员？_____。

二、扶志扶智相关情况

1. 您了解政府对贫困生的资助政策吗？政府是如何资助您班上的贫困生的？

2. 这些资助政策的实施对贫困生及其家庭帮助大吗？帮助体现在哪些方面？

3. 相对于直接送钱送物这种物质资助，您觉得对贫困生的精神扶助（包括人生志向引导、能力培养等方面）重要吗？为什么？

4. 您平时是如何关爱班上的贫困生的？请列举主要做法。

5. 您觉得政府资助贫困生后，贫困生身上发生的较明显的进步有哪些？

6. 关于扶志扶智，您认为我们基层教师能做些什么？应该怎么做？

7. 关于下一步应如何制定和完善扶志扶智教育政策，您有什么好的建议？

8. 易地扶贫搬迁安置学校的教育和其他学校有什么不同？你愿意在易地扶贫搬迁安置学校工作吗？为什么？

“贵州中小学贫困生扶志扶智教育政策保障研究”课题组

二〇一九年十一月

附录七　贵州省易地扶贫搬迁安置学校的贫困生访谈提纲

一、贫困生基本信息

1. 你的年龄是____岁，你的所在班级是___年级___班。

2. 你家里一共有___口人，有___个孩子在上学。你爸爸的职业是___，你妈妈的职业是_____。

二、扶志扶智相关情况

1. 现在的学校和搬迁以前的学校相比，你更喜欢哪个学校？为什么？

2. 易地搬迁以后，你们家现在的生活有什么变化？家里还有什么困难？

3. 政府、学校和老师除了给钱以外，还向你提供了哪些帮助？

4. 免费教科书、营养餐等资助政策实施后，你的学习有什么变化？

5. 你觉得在学校学到的知识有什么用？

6. 你的理想是什么？长大后想做一个什么样的人？请对此进行具体的描述。

7. 你的父母对你的期望高吗？你能努力达到他们的期望吗？

8. 你知道是谁在资助你吗？长大以后你准备怎么感谢他们？

9. 你想对资助过你、帮助过你的人说些什么话呢？

10. 如果你的同学有困难，你愿意帮助他们吗？你为什么会这么做？

谢谢你的合作！

"贵州中小学贫困生扶志扶智教育政策保障研究"课题组

二〇一九年十一月

附录八　贵州省易地扶贫搬迁安置学校贫困生家长访谈提纲

一、家长基本信息

1. 您的年龄是____岁，您的民族是____，您的学历是_____，您的职业是____。

2. 您家里一共有___口人，有___个孩子在上学。您外出打工吗？_____，您家里有____人外出打工。

3. 您的家庭月收入约_____元，在当地处于什么水平？_____。

二、扶志扶智相关情况

1. 您觉得生活中面临的主要困难是什么？

2. 资助政策对您的家庭是否有帮助？受到资助后家庭生活有什么变化？孩子学习有什么变化？

3. 您对现在的资助政策满意吗？如果不满意，为什么？

4. 您孩子的学习情况如何？您认为孩子受教育能改变家庭的困难情况吗？为什么？

5. 学校和老师有没有来您家做过家访？家访内容主要是什么？您认为他们重视您孩子吗？

6. 您认为现在的贫困家庭认定程序是否合理？如果不合理，为什么？

7. 您感谢资助过您家的政府或帮助过您的人吗？如果别人有困难，您愿意帮他们吗？

8. 您认为您可以通过自己的努力改变家庭贫困的现状吗？
9. 如果您的生活条件变好了，您愿意主动退出贫困户名单吗？
10. 对现在的扶志扶智教育政策的实施，您还有什么好的建议？

谢谢您的合作！

“贵州中小学贫困生扶志扶智教育政策保障研究”课题组
二〇一九年十一月